Österreich

Die besten Rezepte aus
Österreich

© Naumann & Göbel Verlagsgesellschaft mbH, Köln
Alle Rechte vorbehalten

Foodfotografie: TLC Fotostudio
Coverfoto: TLC Fotostudio
Susanne Strotmann, Köln: 5, 12 links, 13 rechts, 14 links, 15 rechts, 16, 17 rechts,
18 links, 102, 150, 151 rechts
Birgit Jäger, Köln: 50, 66/67
MEV: 5, 6, 7 rechts, 36, 37 rechts, 42 links, 43 rechts, 144 links, 152, 153 rechts
Alle übrigen Fotos: TLC Fotostudio
Rezepte: Gertrud Berning

Gesamtherstellung: Naumann & Göbel Verlagsgesellschaft mbH, Köln
ISBN 978-3-625-12407-8

www.naumann-goebel.de

Inhaltsverzeichnis

Einleitung

Spricht man von Österreich, meint man in der Regel die großen Städte Wien, Salzburg, Linz, Graz, meint Urlaub in Tirol oder an den Kärntner Seen oder Schifahren in den Alpen.

Man denkt an grüne Wiesen mit saftigem Gras und „glücklichen" Kühen, an freundliche Menschen, gesunde frische Luft und klares Wasser. Man kennt Gasthäuser, die klassische österreichische Hausmannskost zu erschwinglichen Preisen anbieten. Vor allem lockt die Hauptstadt Wien mit ihrem ganz besonderen Charme, der Hofburg, dem Burgtheater, dem Wiener Prater, Bauten in der Tradition des Wiener Jugendstils, Fiakern und echten Wiener Kaffeehäusern, eingerichtet mit den unvergleichlichen Bugholzmöbeln von Thonet.

Namen wie Kaiserin Sissi, Kaiser Franz Joseph, Gustav Klimt, Friedensreich Hundertwasser oder auch André Heller und Sigmund Freud fallen einem ein. Wiener Walzer und Schrammelmusik der Heurigen klingen in den Ohren.

Und natürlich gehört zu Österreich auch die vielfältige Küche, die man mit allerlei feinen Mehlspeisen, üppigen Torten und fleischlichen Genüssen der feinsten Art in Verbindung bringt.

Das einstige Großreich Österreich misst mittlerweile „nur" noch 84.000 Quadratkilometer und erstreckt sich in seinen größten Ausdehnungen vom Bodensee, der deutschen und schweizerischen Grenze bis an die slowakische und ungarische Grenze im Osten, von Tschechien im Norden bis nach Slowenien im Süden. Etwa acht Millionen Einwohner leben derzeit im Land.

Nach wie vor besticht das Land durch seine kulturelle und landschaftliche Vielfalt. Von den Lechtaler Alpen des Vorarlbergs über das Tauerngebirge mit Großglockner bis zu den Karawanken in Kärnten reicht der gebirgige Teil. Hier findet man viel Landwirtschaft, kleine Dörfer und alte Bauernhöfe, in denen Menschen wohnen, die das Trachten- und Brauchtum noch pflegen. Der Donaulauf durch Dreiviertel des Landes, das Mühl- und Weinviertel bis zum Wiener Becken und die Gegend um den Neu-

siedler See gehören zum grünen und fruchtbaren Teil des Landes, wo von Äpfeln, Marillen und Kirschen über Mohn, Spargel bis zu Wein alles wächst, was den Gaumen erfreut. Politisch wie gesellschaftlich empfindet sich die ehemalige Donaumonarchie auch nach dem EU-Beitritt als eigenständige Einheit, geografisch bildet sie den Mittelpunkt zwischen Ost und West, Süd und Nord. Die Menschen sind geprägt von einer lebhaften Vergangenheit und zeigen sich weltoffen.

Die regionalen Küchen

Die österreichische Küche gilt als Ausdruck der Völkervielfalt des einstigen Kaiserreiches Österreich-Ungarn. Neben der ungarischen spielten auch die Kochtraditionen Böhmens, Tschechiens, Italiens und nicht zuletzt auch Deutschlands eine Rolle. Viele Zu-

bereitungsarten wurden aus den fremden in die eigene Küche übernommen, bekannte Beispiele sind das ungarische Gulasch, böhmische Mehlspeisen oder das Mailänder Cotoletta, das einer unbestätigten Legende zufolge kurzerhand zum Wiener Schnitzel und bald darauf zur Nationalspeise wurde. Keineswegs darf man die österreichische Küche jedoch mit der Wiener Küche gleichsetzen, hat doch jede Region ihre eigene traditionelle Landesküche.

Im **Vorarlberg**, im Westen des Landes, ist die Küche noch rustikal. Beeinflusst von den Küchen der angrenzenden Länder Deutschland, Schweiz und Liechtenstein spielen hier Käse- und Milchprodukte die Hauptrolle. So wundert es nicht, wenn man hier Kässpatzen oder Käsknöpfle sowie zahlreiche andere Gerichte mit Spätzle auf den Speisekarten findet. Schupfnudeln, Flädlesuppe und Apfelküchle sind weitere Spezialitäten der Region.

Das alpine Klima **Tirols** erfordert energiereiche Kost. Daher ist die Tiroler Bergbauern-Küche geprägt von Knödel & Co, außerdem deftigen Fleischspeisen wie Speck oder Braten von Rind und Hammel. An Knödelzubereitungen sind von Speck- über Spinat- bis zu Graukasknödel alle Variationen denkbar. Die Knödel kommen als Hauptgericht, Beilage oder Suppeneinlage auf den Tisch. Zu weiteren typischen Gerichten der Region gehören das Tiroler Gröstl mit Apfel, Zwiebel und Fleisch, der angemachte Graukäse und die Schlutzkrapfen.

Bei **Salzburg** denkt man sofort an die berühmten Nockerln, die goldgelb gebackene Eischaum-Zucker-Süßigkeit, die man unbedingt probieren muss. Doch vor dem Dessert isst man in der Heimatstadt Mozarts durchaus gerne Fisch aus den umliegenden Seen. Im Salzburger Land herrscht noch deftige Hausfrauenküche mit Bierfleisch oder einem Schweinebraten nach Salzburger Art vor.

Oberösterreich grenzt an Bayern und Böhmen, was man unschwer an den Speisen erkennt. Auch hier kann sich ein Schweinebraten mit Knödeln und Kraut sehen lassen. Zum Dessert oder Kaffee wird die Linzer Torte serviert. Im oberösterreichischen Voralpenland schätzt man außerdem den berühmten Schlierbacher Käse oder einen Kalbsnierenbraten. Die Nähe zur Donau beschert auch so manches leckere Fischgericht.

Niederösterreich mit den Gebieten Wald- und Mühlviertel sorgt für die besonderen Spezialitäten des Landes: Aus dem Waldviertel kommt der Mohn, mit dem die Mohnnudeln zubereitet werden. Im Mühlviertel wird Leinöl gewonnen, die Wachau liefert die Marillen für Knödel und Strudel und im Marchfeld wächst der beste Spargel Österreichs. Im Mostviertel wird der beliebte Most gepresst. Das Weinviertel im Nordosten der Region ist das größte und wichtigste Weinanbaugebiet Österreichs. In den Wäldern der Region leben Rehe, Hirsche und Wildschweine, die Fleisch für die herzhaften Wildgerichte liefern.

Die Nachbarschaft und lange Zugehörigkeit des **Burgenlandes** zu Ungarn hat seine Küche nachhaltig geprägt. Gulasch, Fogosch und Gulaschsuppe stehen an erster Stelle, gefolgt von Geflügel- und Fischgerichten. Das fruchtbare Land bietet beste Voraussetzungen für Obst- und Gemüseanbau, außerdem ist der Weinanbau hier eine gute Einnahmequelle. Entlang der Ufer des Neusiedler Sees wachsen die Kirschbäume, die die legendären Burgenländer Kirschen liefern. Der See selbst liefert seinen Beitrag an Fischarten wie Aal, Karpfen, Hecht, Zander und Wels. Typische Gerichte des Burgenlandes sind die Martinsgans und der Weihnachtskarpfen.

Die **Steiermark** hat sich kulinarisch einen Namen gemacht durch das Kernöl, das aus den steirischen Kürbiskernen gepresst wird. Kürbisgerichte in allen Variationen gehören folglich neben Speisen aus Heidensterz (Buchweizenmehl) zu den Spezialitäten der Region. Eine bekannte Weinsorte der Steiermark ist der „Schilcher".

Die südlichste Region ist **Kärnten** mit seinen Seen und dem mediterranen Klima. Entsprechend findet man hier eine ausgesuchte Fischküche neben traditionellen Speisen wie Kasnudeln, Schlickkrapfen, Klachlsuppe oder der Kärntner Frigga aus Polenta, Speck und Käse.

Die Wiener Küche

Die Wiener Küche war vielen kulturellen Einflüssen unterworfen. Aus Italien kamen im 17. Jh. Gerichte wie Risibisi, Makkaroni oder Risotto ins Land, französischem Einfluss im 18. Jh. ist die Vorliebe für klare Suppen („Bouillon") zu verdanken – und zahlreiche andere Esskulturen beeinflussten die Vielvölkerstadt Wien.

Wer kennt sie nicht, die typischen Wiener Gerichte: Backhendl, Schnitzel, Fiakergulasch, Zwiebelrostbraten, Tafelspitz oder Erdäpfelsalat. Auf der süßen Seite stehen Sacher Torte, Kaiserschmarrn und Apfelstrudel, um nur einige zu nennen.

Wiener Kaffeehauskultur

Etwas typisch Wienerisches ist die Kaffeehauskultur, die man so nur hier findet. Die Blütezeit der Wiener Kaffeehäuser war Ende des 19., Anfang des 20. Jh., als sich die sogenannten Kaffeehausliteraten hier zum Diskutieren und Arbeiten trafen.

Im Kaffeehaus trifft man sich nicht zum Kaffeetrinken, sondern zum stundenlangen Reden und Zeitunglesen, wobei man einen Mokka, Verlängerten oder Kleinen Braunen trinkt. Wer hier einen Kaffee bestellt, gibt sich als Nicht-Wiener und unwissender Tourist zu erkennen und kann von Glück sagen, wenn er überhaupt bedient wird.

In Wien kennt man folgende Zubereitungsarten von Kaffee:

- Der eigentliche Kaffee heißt Schwarzer oder Mokka. Es gibt ihn klein und groß.
- Beim kleinen oder großen Braunen handelt es sich um einen Mokka, der mit Kaffeesahne im extra Kännchen serviert wird. Ein Verlängerter ist ein kleiner Mokka, der mit Wasser auf die Menge eines großen gestreckt wird.

- Aus dem Verlängerten wird durch Zugabe von heißer Milch eine Melange. Die Kaisermelange dagegen ist ein kleiner gestreckter Kaffee mit Eigelb und einem Schuss Cognac.
- Kommt auf eine Melange noch Schlagobers, spricht der Wiener von einem Franziskaner. Sein Ordensbruder, der Kapuziner, ist ein kleiner Mokka mit nur wenig Schlagobers.
- Beim Einspänner handelt es sich um einen großen Mokka im Glas, der mit viel Schlagobers und extra Puderzuckerstreuer serviert wird.
- Wer wenig Kaffee und viel Milch mag, bestellt einen Kaffee verkehrt.
- Außerdem gibt es noch zahlreiche Variationen dieser Kaffeezubereitungen mit so schönen Namen wie „Überstürzter Neumann", „Sperbertürke" oder „Obermayer".

Schmankerl, Jausen, Suppen & Co.

Aufstrich mit Quark Liptauer Art

Für 4 Portionen
250 g Butter
250 g Quark
1 Zwiebel
8 Kapern aus dem Glas
1/2 Tl Sardellenpaste
1 Tl Senf
Salz
1/2 Tl edelsüßes Paprikapulver
2 El saure Sahne
1 El Bier
2 El frisch gehackte gemischte Kräuter

Die Butter mit dem Quark in einer Schüssel schaumig schlagen.
Die Zwiebel schälen und fein hacken. Die Kapern hacken.

Zwiebel, Kapern, Sardellenpaste und Senf mit der Butter-Quark-Mischung
verrühren und mit Salz und Paprikapulver würzen.

Sahne und Bier zu der Mischung geben und glatt rühren. Die Kräuter
untermischen.

Zubereitungszeit: ca. 15 Minuten
Pro Portion ca. 537 kcal/2255 kJ | 10 g E, 53 g F, 5 g KH

Traisentaler Fleischaufstrich

Für 4 Portionen
1 Brötchen
150 ml Milch
1 Ei
200 g Bratenreste
3 gekochte Kartoffeln
1 El Senf
1 El Kapern aus dem Glas
1 Zwiebel
50 g frisch geriebener Emmentaler
Salz
Pfeffer
Paprikapulver
Petersilie zum Garnieren

Das Brötchen in der erwärmten Milch 15 Minuten einweichen. Das Ei hart kochen.
Die Bratenreste würfeln. Die Kartoffeln schälen und würfeln.

Das Brötchen ausdrücken und mit den Bratenresten und den Kartoffeln pürieren.
Das Ei schälen und zerdrücken. Mit dem Senf verrühren. Die Kapern hacken.
Die Zwiebel schälen und fein reiben.

Die Zutaten mit dem Fleisch-Kartoffelpüree vermischen und mit Salz, Pfeffer und
Paprikapulver abschmecken. Mit Petersilie garniert zu frischem Bauernbrot servieren.

Zubereitungszeit: ca. 20 Minuten (plus Einweich- und Kochzeit)
Pro Portion ca. 350 kcal/1470 kJ | 25 g E, 13 g F, 32 g KH

Blunzenkipferln

Für 4 Portionen
2 Packungen TK-Hörnchenteig
2 Zwiebeln
50 g Sauerkraut
175 g Blutwurst
3 El Butterschmalz
1 Bund frisch gehackte glatte Petersilie
Salz
Pfeffer
1/2 Tl gemahlener Kümmel
1 Ei
1 El Sahne
1 El geröstete Sonnenblumenkerne

Den Hörnchenteig auftauen lassen. Die Zwiebeln schälen und hacken. Das Sauerkraut klein hacken. Die Blutwurst von der Pelle befreien und fein würfeln. Den Backofen auf 200 °C (Umluft 180 °C) vorheizen.

Das Butterschmalz in einer Pfanne erhitzen und die Zwiebeln darin glasig dünsten. Nach 3 Minuten das Kraut zugeben und mitschmoren. Blutwurstwürfel und Petersilie unterrühren und einige Minuten mitschmoren. Mit Salz, Pfeffer und Kümmel würzen.

Den Hörnchenteig nach Packungsanweisung ausrollen und mit der Blutwurstmasse füllen. Dann zu Hörnchen rollen. Das Ei mit der Sahne verquirlen und die Hörnchen damit bestreichen. Mit den Sonnenblumenkernen bestreuen. Im Ofen etwa 15 Minuten backen.

Zubereitungszeit: ca 25 Minuten (plus Schmor- und Backzeit)
Pro Portion ca. 365 kcal/1533 kJ | 12 g E, 28 g F, 16 g KH

Eierfisch

Für 4 Portionen
2 Zwiebeln
1 El Butterschmalz
1 l Apfelessig
1 Lorbeerblatt
je 1/2 Tl Pfefferkörner und Wacholderbeeren
3 Pimentkörner
1 Tl Senfkörner
8 Eier
50 g Schmand
100 g Paniermehl, in Butter geröstet

Die Zwiebeln schälen und in dünne Ringe schneiden. Das Butterschmalz in einer Pfanne erhitzen und die Zwiebelringe darin glasig schmoren.

Den Essig mit der gleichen Menge Wasser in einem Topf aufkochen. Die Flüssigkeit zu den Zwiebeln geben und aufkochen. Dann das Lorbeerblatt und die Gewürzkörner hinzufügen und weiterkochen.

Die Eier nacheinander in einer Schüssel aufschlagen und in den kochenden Sud gleiten lassen. Darin ziehen lassen, bis das Eiweiß zu stocken beginnt. Die Eier mit einer Schaumkelle aus dem Sud nehmen und auf Tellern anrichten. Etwas Sud mit Zwiebeln dazugeben, Schmand und geröstetes Paniermehl darüber anrichten.

Als Hauptgericht mit Bratkartoffeln servieren.

Zubereitungszeit: ca. 20 Minuten (plus Schmor- und Kochzeit)
Pro Portion ca. 352 kcal/1478 kJ | 18 g E, 20 g F, 22 g KH

Eierschwammerl in Rahm

Für 4 Portionen
500 g frische Pfifferlinge
1 Zwiebel
1 Knoblauchzehe
2 Frühlingszwiebeln
2 El Butter
Salz
Pfeffer
200 ml Sahne
2 El frisch gehackter Schnittlauch

Die Pilze putzen, waschen und trocken tupfen. Größere Pilze klein schneiden. Die Zwiebel und Knoblauchzehe schälen und hacken. Die Frühlingszwiebeln putzen, waschen und in dünne Ringe schneiden.

Die Butter in einer Pfanne erhitzen und die Zwiebel mit dem Knoblauch darin glasig dünsten. Die Frühlingszwiebeln und die Pilze zugeben und unter Rühren ca. 7 Minuten schmoren.

Die Pilze mit Salz und Pfeffer würzen und die Sahne unterrühren. Kurz erhitzen und den Schnittlauch unterheben. Mit frischem Brot servieren.

Zubereitungszeit: ca. 20 Minuten (plus Schmorzeit)
Pro Portion ca. 210 kcal/882 kJ | 3 g E, 19 g F, 4 g KH

Waldviertler Linsensuppe

Für 4 Portionen
200 g Linsen
Salz
1 Lorbeerblatt
1 Thymianzweig
Pfeffer
50 g Gerstengraupen
1 Zwiebel
200 g Karotten
1 El Butterschmalz
1 El Mehl
3 El Buttermilch
1 Tl Senf
2 El Tomatenmark
Essig nach Geschmack

Die Linsen über Nacht in reichlich Wasser einweichen. Am nächsten Tag waschen und in 1 l Wasser mit etwas Salz, Lorbeerblatt, Thymianzweig und 1 Prise Pfeffer geben. Die Gerstengraupen waschen, in die Suppe geben und zum Kochen bringen.

Die Zwiebel schälen und hacken. Die Karotten schälen und in Würfel schneiden. Das Butterschmalz in einer Pfanne erhitzen und die Zwiebel darin unter Rühren glasig schmoren. Mit den Karotten zu den Linsen geben und den Eintopf etwa 40 Minuten garen.

Das Mehl in die Buttermilch rühren. Mehl-Buttermilch, Senf und Tomatenmark in die Linsensuppe rühren und mit Essig abschmecken. Noch 10 Minuten köcheln, dann servieren.

Zubereitungszeit: ca. 25 Minuten (plus Einweich-, Schmor- und Garzeit)
Pro Portion ca. 257 kcal/1079 kJ | 14 g E, 4 g F, 39 g KH

Schöberlsuppe

Für 4 Portionen
50 g Butter
100 g gekochter Schinken
3 Eier
Salz
3 El Mehl
Sahne
Fett für die Form
1 l Gemüsebrühe
2 El frisch gehackter Dill

Den Backofen auf 200 °C (Umluft 180 °C) vorheizen. Die Butter in einer Schüssel schaumig rühren. Den Schinken würfeln.

Die Eier trennen. Die Eigelbe nacheinander zur Butter geben und unterrühren. Salz und Mehl und so viel Sahne zugeben, dass ein cremiger Teig entsteht. Die Eiweiße steif schlagen und zuletzt mit dem Schinken unter den Teig heben.

Eine Auflaufform einfetten, den Teig gut 2 cm hoch darin verteilen und glatt streichen. Im Ofen etwa 10 Minuten backen, bis er fest geworden ist.

Den Teig in Würfel schneiden und in die erhitzte Gemüsebrühe geben. Mit Dill bestreut servieren.

Zubereitungszeit: ca. 20 Minuten (plus Backzeit)
Pro Portion ca. 207 kcal/869 kJ | 11 g E, 17 g F, 1 g KH

Frittatensuppe

Für 4 Portionen
125 ml Milch
70 g Mehl
1 Ei
Salz
3 El Butterschmalz
1 l kräftige Fleischbrühe
2 El frisch gehackter Schnittlauch

Die Milch und das Mehl in einer Schüssel miteinander verrühren. Das Ei hineinrühren und mit Salz würzen. Aus den Zutaten einen flüssigen Teig bereiten und 10 Minuten quellen lassen.

Das Butterschmalz in einer Pfanne erhitzen und nacheinander aus je etwa 1 Kelle Teig dünne goldgelbe Pfannkuchen (Palatschinken) backen.

Die Pfannkuchen auf Küchenpapier abtropfen und abkühlen lassen, dann zusammenrollen und in etwa 2 cm breite Streifen schneiden. Die Fleischbrühe erhitzen.

Die Frittaten auf Suppenteller verteilen und mit heißer Fleischbrühe übergießen. Mit Schnittlauch bestreut servieren.

Zubereitungszeit: ca. 20 Minuten (plus Brat- und Kochzeit)
Pro Portion ca. 183 kcal/768 kJ | 6 g E, 11 g F, 14 g KH

Fleischsuppe mit Topfenknödeln

Für 4 Portionen
1 kg Suppenfleisch vom Rind
1 Bund Suppengrün
1 Zwiebel
Salz
6 Pfefferkörner
1 Lorbeerblatt
Pfeffer
1/2 Bund frisch gehackte Petersilie

Topfenknödel
250 g Topfen (Quark)
6 El Butter
2 Eier
Salz
300 g Mehl
3 El saure Sahne

Das Fleisch waschen und in einen großen Topf geben. Suppengrün putzen, waschen, nach Bedarf schälen und klein schneiden. Die Zwiebel schälen und hacken.

Das Gemüse und die Zwiebel mit etwa 1,25 l Wasser zum Fleisch geben und die Gewürze zufügen. Das Fleisch bei mittlerer Temperatur etwa 1 Stunde 30 Minuten garen. Dann aus der Suppe nehmen und in Würfel oder Scheiben schneiden. Würzen.

Für die Knödel den Quark mit der Butter glatt rühren. Eier, Salz, Mehl und saure Sahne zugeben und einen glatten Teig bereiten. Mit einem Löffel aus dem Teig Klöße abstechen und in kochendem Salzwasser etwa 5 Minuten garen. Herausnehmen, abtropfen lassen und mit der Fleischsuppe servieren. Das Fleisch zuvor wieder in die Suppe geben. Mit der frisch gehackten Petersilie bestreut anrichten.

Zubereitungszeit: ca. 40 Minuten (plus Garzeit)
Pro Portion ca. 872 kcal/3662 kJ | 70 g E, 39 g F, 59 g KH

Grießnockerlsuppe

Für 4 Portionen
60 g Butter
1 Ei
125 g Hartweizengrieß
Salz
1 Prise gemahlene Muskatnuss
1 El Öl
1 l Gemüsebrühe
3 El frisch gehackter Schnittlauch

Die Butter in einem Topf erwärmen und schaumig rühren. Das Ei und nach und nach den Grieß hinzufügen und alles gut verrühren. Die Masse mit Salz und Muskat würzen und etwa 10 Minuten quellen lassen.

Einen Teller mit Öl bestreichen. Dann mit einem Teelöffel kleine Klößchen aus dem Grieß stechen und auf den Teller legen. Etwa 15 Minuten ruhen lassen.

Die Grießklöße in reichlich kochendem Salzwasser bei geringer Temperatur etwa 10 Minuten ziehen lassen, bis sie den doppelten Umfang erreicht haben. Dann mit einer Schaumkelle herausnehmen und abtropfen lassen.

In einem zweiten Topf die Gemüsebrühe erhitzen und die Grießnockerln hinein-geben. Mit Schnittlauch bestreuen und servieren.

Zubereitungszeit: ca. 20 Minuten (plus Quell-, Ruhe- und Kochzeit)
Pro Portion ca. 265 kcal/1113 kJ | 5 g E, 17 g F, 22 g KH

Kartoffelsuppe mit Kruste

Für 4 Personen
150 g Lauch
100 g Staudensellerie
600 g Kartoffeln
1 El Pflanzenöl
1 l Gemüsebrühe
2 Lorbeerblätter
1 Thymianzweig
Salz
Pfeffer
250 ml Sahne
5 El Butter
50 g Paniermehl
2 El frisch gehackte Petersilie

Lauch und Stangensellerie putzen, waschen und in dünne Ringe schneiden.
Vom Lauch nur die hellen Teile verwenden. Die Kartoffeln schälen und würfeln.
Bis zur Verwendung in kaltes Wasser legen.

Das Öl in einem Topf erhitzen und die Gemüsewürfel darin unter Rühren anschmoren. Die Kartoffelwürfel abtropfen lassen und zugeben, die Gemüsebrühe
angießen. Lorbeer und Thymianzweig in die Suppe geben und bei geringer
Temperatur etwa 40 Minuten garen.

Nach dem Garen die Gewürze aus der Suppe nehmen. Die Suppe pürieren und
mit Salz und Pfeffer abschmecken. Die Sahne zugeben und etwas einkochen
lassen.

Die Butter in einer Pfanne schmelzen und das Paniermehl darin goldbraun
rösten. Die Kartoffelsuppe auf Teller verteilen und mit je 2 El geröstetem
Paniermehl und Petersilie bestreuen.

Zubereitungszeit: ca. 30 Minuten (plus Schmor- und Garzeit)
Pro Portion ca. 425 kcal/1785 kJ | 7 g E, 27 g F, 36 g KH

Kukuruzsuppe

Für 4 Portionen
2 El Butter
2 El Mehl
750 ml Hühnerbrühe
300 g frische Maiskörner (Kukuruz)
Salz
Pfeffer
je 1 Prise gemahlene Nelken
und gemahlener Piment
100 g saure Sahne
1 rote Chilischote

Die Butter in einem Topf schmelzen und das Mehl einrühren. Unter Rühren eine Mehlschwitze herstellen und mit der Hühnerbrühe ablöschen. Aufkochen.

Die Maiskörner waschen und trocken schütteln. Dann in der Suppe etwa 20 Minuten garen. Mit Salz, Pfeffer, Nelkenpulver und Piment würzen.

Die Suppe pürieren und die saure Sahne unterrühren. Die Chilischote putzen, waschen und entkernen. Dann in sehr dünne Streifen schneiden und die Suppe damit dekorieren.

Zubereitungszeit: ca. 15 Minuten (plus Kochzeit)
Pro Portion ca. 335 kcal/1407 kJ | 7 g E, 9 g F, 53 g KH

Rote-Rüben-Suppe

Für 4 Portionen
500 g rote Rüben
Salz
125 g Schalotten
1 El Butter
500 ml Gemüsebrühe
Pfeffer
1 El Mehl
Essig nach Geschmack
100 ml Sahne
geriebener Meerrettich
2 El fein gehackter Schnittlauch

Die roten Rüben gut waschen und mit der Schale in kochendem Salzwasser etwa 30 Minuten garen. Abgießen, abtropfen und abkühlen lassen.

Die Schalotten schälen und fein hacken. Die roten Rüben schälen und in kleine Würfel schneiden. Die Butter in einem Topf erhitzen und die Schalotten darin andünsten. Die Rübenwürfel zugeben und kurz mitschmoren.

Die Brühe angießen und alles etwa 15 Minuten köcheln. Dann die Suppe pürieren, salzen und pfeffern und wieder in den Topf geben. Das Mehl in etwas Wasser rühren und die kochende Suppe damit binden. Mit Essig abschmecken.

Die Sahne steif schlagen. Die Suppe auf Teller verteilen und mit Sahne, Meerrettich und Schnittlauch garnieren.

Zubereitungszeit: ca. 15 Minuten (plus Koch- und Schmorzeit)
Pro Portion ca. 138 kcal/579 kJ | 2 g E, 10 g F, 8 g KH

Gemüse & Beilagen

Spargelsülze

Für 6 Portionen
500 g weißer Spargel
500 g grüner Spargel
Salz
1 Prise Zucker
100 g gekochter Schinken
2 Tomaten
2 Petersilienzweige
Pfeffer
200 ml Weißwein
6 Blatt Gelatine

Die Spargelstangen waschen, die Enden abschneiden. Die weißen Spargel ganz, die grünen Spargel nur im unteren Drittel schälen.

In einem großen Topf 750 ml Wasser mit 1 Tl Salz und der Prise Zucker zum Kochen bringen und den Spargel darin in etwa 15 bis 20 Minuten bissfest garen. Abgießen, den Kochsud aufbewahren und abtropfen lassen.

Die Spargelstangen dekorativ in eine Kastenform schichten. Den Schinken in Streifen schneiden und dazwischenschichten. Die Tomaten von Haut, Stielansatz und Kernen befreien und würfeln. Die Tomatenwürfel mit den Petersilienzweigen ebenfalls in die Form zwischen den Spargel schichten. Mit Salz und Pfeffer würzen.

Den Spargelsud durch ein Sieb gießen und mit dem Wein aufkochen und etwa 5 Minuten köcheln. Die Gelatine 10 Minuten einweichen, dann ausdrücken und in den Weinsud rühren.

Die Mischung in die Form gießen und abgedeckt über Nacht im Kühlschrank fest werden lassen. Die Sülze aus der Form lösen und in Scheiben schneiden. Mit einer Vinaigrette servieren.

Zubereitungszeit: ca. 40 Minuten (plus Koch- und Ruhezeit)
Pro Portion ca. 156 kcal/655 kJ | 22 g E, 1 g F, 7 g KH

Wiener Erdäpfelsalat

Für 4 Portionen
1 kg Kartoffeln
Salz
1 Zwiebel
2 Gewürzgurken
150 ml Gemüsebrühe
75 ml Sonnenblumenöl
75 ml Weißweinessig
2 Tl mittelscharfer Senf
Pfeffer
1 Bund frisch geschnittener
Schnittlauch

Die Kartoffeln waschen, in wenig gesalzenem Wasser in etwa 20 Minuten garen, abgießen und abtropfen lassen. Etwas abkühlen lassen, dann die Kartoffeln pellen und in Scheiben schneiden.

Die Zwiebel schälen und fein hacken. Die Gewürzgurken fein würfeln. Die Kartoffelscheiben mit den Gurken in eine Schüssel geben. Die Zwiebel in der heißen Brühe 2 Minuten köcheln, dann beides unter die Kartoffeln rühren.

Aus Öl, Essig, Senf, Salz und Pfeffer sowie Schnittlauchröllchen (2 El zurückbehalten) ein Dressing bereiten und über den Erdäpfelsalat geben. Alles gut vermischen und 30 Minuten ziehen lassen. Mit dem restlichen Schnittlauch bestreut servieren.

Zubereitungszeit: ca. 30 Minuten (plus Gar-, Koch- und Ruhezeit)
Pro Portion ca. 217 kcal/911 kJ | 5 g E, 3 g F, 38 g KH

Zwiebelkompott

Für 4 Portionen
750 g rote Zwiebeln
2 El Butter
1 Apfel
1 El Zucker
Salz
4 Pfefferkörner
1 Lorbeerblatt
200 ml Weißwein

Die Zwiebeln schälen und in dünne Ringe schneiden oder fein reiben. Die Butter in einer Pfanne erhitzen und die Zwiebelringe darin glasig schmoren.

Den Apfel schälen und ebenfalls in dünne Scheiben reiben. Zu den Zwiebeln geben und mitschmoren, bis der Apfel weich ist.

Den Zucker darüberstreuen und karamellisieren lassen. Dann mit Salz und Pfefferkörnern würzen, das Lorbeerblatt hinzufügen. Den Wein angießen und unter Köcheln einkochen lassen. Das Zwiebelkompott kalt zur Jause reichen.

Zubereitungszeit: ca. 30 Minuten (plus Schmorzeit)
Pro Portion ca. 148 kcal/621 kJ | 2 g E, 4 g F, 19 g KH

Bohnen-Rettich-Salat

Für 4 Portionen
300 g rote Bohnen
Salz
3 Knoblauchzehen
1 Schalotte
3 Frühlingszwiebeln
1 schwarzer Winterrettich
2 El Apfelessig
1 Tl Senf
Pfeffer
4 El Kernöl

Die Bohnen über Nacht in reichlich Wasser einweichen. Am nächsten Tag das Einweichwasser abgießen und die Bohnen in leicht gesalzenem Wasser in etwa 40 Minuten garen. Sie dürfen nicht zerfallen. Knoblauch schälen und in Stücke schneiden. Zu den Bohnen geben und mitgaren. Nach der Garzeit die Bohnen abgießen, abtropfen und abkühlen lassen.

Die Schalotte schälen und fein reiben. Die Frühlingszwiebeln putzen, waschen und in Ringe schneiden. Den Rettich waschen, schälen und in streichholzdünne Streifen schneiden.

Aus Apfelessig, Senf, Pfeffer, Salz und Kernöl ein Dressing rühren. Die Salatzutaten in eine Schüssel geben und mit dem Dressing vermischen. Etwa 30 Minuten durchziehen lassen. Mit frischem Brot servieren.

Zubereitungszeit: ca. 20 Minuten (plus Einweich-, Gar-, Kühl- und Ruhezeit)
Pro Portion ca. 110 kcal/462 kJ | 4 g E, 5 g F, 10 g KH

Grammeltaschen

Für 4 Portionen
300 g gekochte Kartoffeln
200 g Mehl
50 g Weizengrieß
2 kleine Eier
Salz
Pfeffer
Mehl für die Arbeitsfläche
Paniermehl

Füllung
2 rote Zwiebeln
1 Knoblauchzehe
2 El Maiskeimöl
Salz
Pfeffer
50 g Speck
1/2 Tl getrockneter Thymian

Die Kartoffeln schälen und in eine Schüssel reiben. Mehl, Grieß, Eier und Gewürze dazugeben und einen festen Teig bereiten. Den Teig zu einer Rolle formen und etwa 30 Minuten ruhen lassen.

Für die Füllung die Zwiebeln und Knoblauchzehe schälen und hacken. Das Öl in einer Pfanne erhitzen und beides darin andünsten. Würzen. Den Speck würfeln und im Fett knusprig braten. Den Thymian unterrühren.

Den Kartoffelteig auf einer bemehlten Arbeitsfläche dünn ausrollen und Kreise (10 cm Durchmesser) ausstechen. Auf die Hälfte eines Kartoffelkreises 1 El Füllung setzen und die andere Hälfte darüberklappen, sodass ein Halbmond entsteht. Die Ränder gut festdrücken.

Die Grammeltaschen in kochendem Salzwasser etwa 10 Minuten garen. Aus dem Topf holen und abtropfen lassen. Mit in Fett geröstetem Paniermehl bestreuen und servieren. Dazu schmeckt frischer Salat.

Zubereitungszeit: ca. 30 Minuten (plus Ruhe-, Schmor- und Garzeit)
Pro Portion ca. 440 kcal/1848 kJ | 12 g E, 17 g F, 57 g KH

Süßsaures Kürbisgemüse

Für 4 Portionen
500 g Kürbis
1/2 Tl Kreuzkümmel
1/2 Tl Essig
1 Tl Zucker
1 Tl Paprikapulver
1 Zwiebel
4 El Pflanzenöl
3 El Mehl
125 g saure Sahne

Den Kürbis schälen, die Kerne entfernen und das Fruchtfleisch in dünne Streifen schneiden. In einer Schüssel mit dem Kreuzkümmel, Essig, Zucker und Paprika vermischen und 15 Minuten durchziehen lassen.

Die Zwiebel schälen und hacken. Das Öl in einer Pfanne erhitzen und die Zwiebel darin goldgelb schmoren. Den Kürbis zugeben und abgedeckt etwa 10 Minuten schmoren. Nach Bedarf etwas Flüssigkeit (z. B. Brühe) zugeben.

Das Mehl in etwas Wasser anrühren und den Kürbis damit binden. Zuletzt die saure Sahne unterrühren und erhitzen. Schmeckt als Beilage zu Rindfleisch.

Zubereitungszeit: ca. 20 Minuten (plus Zeit zum Durchziehen und Schmoren)
Pro Portion ca. 163 kcal/684 kJ | 4 g E, 8 g F, 16 g KH

Erdäpfellaibchen

Für 4 Portionen
1 kg Kartoffeln
Salz
200 g geräucherte Wurst
2 Knoblauchzehen
1 Schalotte
1 Ei
Pfeffer
1/2 Tl getrockneter Majoran
100 g Mehl
2 El frisch gehackte Petersilie
150 g Butterschmalz

Die Kartoffeln waschen und in wenig gesalzenem Wasser etwa 25 Minuten garen. Dann abgießen, ausdämpfen lassen, noch heiß schälen und mit einer Gabel zerdrücken.

Die Wurst in sehr feine Würfel schneiden. Die Knoblauchzehen und die Schalotte schälen und fein hacken. Das Kartoffelpüree mit der Wurst und den restlichen Zutaten außer dem Fett zu einem Teig verarbeiten.

Das Butterschmalz in einer Pfanne schmelzen. Mit den Händen aus dem Teig kleine Laibchen (flache Klöße) formen und im Fett ausbacken. Auf Küchenpapier abtropfen lassen.

Die Erdäpfellaibchen mit frischem grünen Salat servieren.

Zubereitungszeit: ca. 20 Minuten (plus Gar- und Bratzeit)
Pro Portion ca. 530 kcal/2226 kJ | 11 g E, 28 g F, 56 g KH

Fisolengulasch

Für 4 Portionen
100 g Bauchspeck
1 Zwiebel
1 El Pflanzenöl
700 g Fisolen (Stangenbohnen)
Salz
1/2 Tl Paprikapulver
1/2 Tl Weinessig
100 g Tomaten
150 ml Gemüsebrühe
1 El Mehl

Den Speck in kleine Würfel schneiden. Die Zwiebel schälen und in Ringe schneiden. Das Öl in einem Topf erhitzen und den Speck darin knusprig rösten. Die Zwiebelringe zugeben und goldgelb schmoren.

Die Fisolen putzen, waschen und klein schneiden. Zu der Zwiebel geben und mit Salz, Paprika und Essig würzen.

Die Tomaten heiß überbrühen, von Stielansätzen, Häuten und Kernen befreien und würfeln. Zu den Fisolen geben und die Brühe angießen. Alles etwa 20 Minuten köcheln. Das Mehl darüberstäuben, abschmecken und servieren.

Zubereitungszeit: ca. 30 Minuten (plus Schmor- und Garzeit)
Pro Portion ca. 265 kcal/1113 kJ | 5 g E, 23 g F, 8 g KH

Knödel, Strudel,
Nockerl & Co.

Pilzstrudel

Für 4 bis 6 Stück

Strudelteig	**Füllung**
300 g Mehl	1 Zwiebel
1 Ei	200 g gemischte Pilze
2 El Pflanzenöl	4 El Butter
1 Tl Essig	2 El frisch gehackte Petersilie
Salz	Salz
Öl	Pfeffer
Fett für das Backblech	Butter zum Bestreichen

Für den Teig die ersten fünf Zutaten mit 125 ml kaltem Wasser in eine Schüssel geben, daraus einen Teig bereiten und so lange kneten, bis er glatt und geschmeidig ist. Den Teig in 4 bis 6 Stücke teilen, mit etwas Öl einstreichen und etwa 30 Minuten ruhen lassen.

Inzwischen für die Füllung die Zwiebel schälen und fein hacken. Die Pilze putzen und gut abtropfen lassen. Pilze klein schneiden. Die Butter in einer Pfanne erhitzen und die Zwiebel darin glasig schmoren. Die Pilze zugeben und 3 Minuten mitschmoren. Die Petersilie unterheben und mit Salz und Pfeffer würzen. Erkalten lassen. Den Backofen auf 180 °C (Umluft 160 °C) vorheizen.

Die Teigstücke auf einem mehlbestäubten Tuch nacheinander ausrollen, mit Öl einstreichen und über die Handrücken auseinanderziehen. Auf das Tuch zurücklegen, die dickeren Teigränder abschneiden. Die Füllung auf die Teigstücke verteilen und diese zusammenrollen. Auf ein gefettetes Backblech legen und im Ofen etwa 25 Minuten backen. Mit zerlassener Butter bestreichen und noch heiß servieren.

Zubereitungszeit: ca. 30 Minuten (plus Ruhe-, Schmor- und Backzeit)
Pro Portion ca. 273 kcal/1146 kJ | 7 g E, 10 g F, 36 g KH

Speckknödel

Für 4 Portionen
6 Brötchen
250 ml Milch
250 g Bauchspeck
3 El frisch gehackter Schnittlauch
3 Eier
3 El Mehl
Salz
Pfeffer

Die Brötchen in feine Würfel schneiden und mit der erwärmten Milch 10 Minuten einweichen. Den Speck in Würfel schneiden und in einer Pfanne knusprig rösten. Auf Küchenpapier abtropfen lassen.

Ausgedrückte Brötchen mit Speck, Schnittlauch, Eiern und Mehl vermengen. Nach Bedarf etwas von der Milch zugeben. Den Teig mit Salz und Pfeffer abschmecken und 20 Minuten ruhen lassen.

In einem Topf Salzwasser zum Kochen bringen. Aus dem Teig mit angefeuchteten Händen Knödel formen und im kochenden Wasser garen, bis sie an die Oberfläche steigen. Abtropfen lassen und als Beilage zu Fleisch servieren.

Zubereitungszeit: ca. 20 Minuten (plus Ruhe-, Brat- und Garzeit)
Pro Portion ca. 807 kcal/3389 kJ | 15 g E, 63 g F, 44 g KH

Schwarzplentene

Für 4 Portionen
4 altbackene Brötchen
100 g fetter Speck
1 Zwiebel
50 g Bratwurst
2 El frisch gehackter Schnittlauch
2 Eier
250 ml Milch
6 El Buchweizenmehl (Schwarzplentenmehl)
3 El Weizenmehl
Salz

Die Brötchen und den Speck in kleine Würfel schneiden. Die Zwiebel schälen und hacken. Die Speckwürfel in einer Pfanne auslassen und die Zwiebel im Speckfett glasig schmoren. Die Wurst würfeln.

Alle Zutaten miteinander mischen und zu einem festen Teig verarbeiten. Den Teig abgedeckt etwa 30 Minuten quellen lassen.

In einem großen Topf leicht gesalzenes Wasser zum Kochen bringen. Aus dem Teig mit angefeuchteten Händen Klöße formen und im heißen Wasser etwa 20 Minuten ziehen lassen. Schwarzplentene schmecken in der Suppe und als Beilage zu Fleisch und Kraut.

Zubereitungszeit: ca. 20 Minuten (plus Schmor-, Quell- und Garzeit)
Pro Portion ca. 502 kcal/2108 kJ | 13 g E, 31 g F, 41 g KH

Sauerkrautstrudel

Für 4 Portionen

Strudelteig
500 g Kartoffeln
Salz
1 Ei
3 El Grieß
3 El Mehl
Mehl für die Arbeitsfläche
Fett für das Backblech

Füllung
1 Zwiebel
100 g Bauchspeck
1 Tl Zucker
750 g Sauerkraut
Salz
Pfeffer
1 Tl gemahlener Kümmel
250 g saure Sahne

Die Kartoffeln in wenig gesalzenem Wasser in 20 Minuten garen. Dann abgießen, leicht abkühlen lassen, schälen und reiben. In einer Schüssel mit 1 Tl Salz, Ei, Grieß und Mehl zu einem festen Teig verarbeiten und abgedeckt beiseitestellen.

Für die Füllung die Zwiebel schälen und hacken. Den Speck würfeln und in einer Pfanne auslassen. Die Zwiebel im Speckfett andünsten. Mit Zucker und 1 El Wasser ablöschen. Das Kraut klein schneiden und in der Pfanne mit Speck und Zwiebel schmoren. Mit Salz, Pfeffer und Kümmel würzen und etwa 30 Minuten bei geringer Temperatur schmoren. Zuletzt die saure Sahne unterheben.

Den Backofen auf 200 °C (Umluft 180 °C) vorheizen. Den Strudelteig auf einer bemehlten Arbeitsfläche dünn ausrollen, die Füllung darauf verteilen und den Teig zusammenrollen. Den Strudel auf ein gefettetes Backblech legen und im Ofen etwa 40 Minuten backen.

Zubereitungszeit: ca. 30 Minuten (plus Koch-, Schmor- und Backzeit)
Pro Portion ca. 460 kcal/1932 kJ | 11 g E, 31 g F, 32 g KH

Gefüllte Teigknödel

Für 4 Portionen

Knödelteig
250 g Dinkelmehl, Typ 1050
250 g Weizenmehl, Typ 450
2 Eigelb
1 Tl Öl
Salz
125 ml Milch

Füllung
1 Zwiebel
1 Knoblauchzehe
300 g Schweinehackfleisch
Salz
Pfeffer
1 El frisch gehackte Petersilie

Die Mehlsorten in eine Schüssel sieben und mit den Eigelben, dem Öl und etwas Salz verrühren. Nach und nach die Milch und die gleiche Menge Wasser zugeben und einen festen Teig bereiten. Den Teig abgedeckt etwa 1 Stunde ruhen lassen.

Für die Füllung die Zwiebel und den Knoblauch schälen und fein hacken. Beides mit dem Hackfleisch mischen und mit Salz und Pfeffer würzen. Die Petersilie unterheben.

Vom Teig kleine Stücke abnehmen, flach drücken und 1 Tl Füllung hineingeben. Den Teig zusammendrücken und zu einer Kugel formen. Die Klöße in kochendem Salzwasser etwa 10 Minuten garen. Sie schmecken gut zu Krautgerichten.

Zubereitungszeit: ca. 20 Minuten (plus Ruhe- und Garzeit)
Pro Portion ca. 695 kcal/2919 kJ | 28 g E, 23 g F, 91 g KH

Schinken-Krautfleckerln

Für 4 Portionen
Salz
600 g Bandnudeln
400 g gekochter Schinken
1 Knoblauchzehe
4 Eier
250 ml Sahne
Pfeffer
1/2 Tl geriebene Muskatnuss
50 g Butter
100 g Paniermehl
500 g Weißkraut
2 El Butterschmalz
Kümmel
Fett für die Form

In einem Topf reichlich Salzwasser zum Kochen bringen und die Nudeln darin nach Packungsanweisung garen. Danach abgießen und abtropfen lassen.

Den Backofen auf 200 °C (Umluft 180 °C) vorheizen. Eine feuerfeste Form einfetten und die Nudeln hineingeben.

Den Schinken in Würfel schneiden, den Knoblauch schälen und fein hacken. Beides mit den Nudeln vermischen. Die Eier mit Sahne, Salz, Pfeffer und Muskatnuss verquirlen und über die Nudeln gießen.

Den Auflauf im Ofen etwa 30 Minuten backen, nach 20 Minuten die Butter in Flöckchen daraufsetzen und das Paniermehl darüberstreuen.

Das Weißkraut putzen, waschen und in Streifen schneiden. In einer Pfanne im heißen Schmalz 30 Minuten schmoren. Mit Salz, Pfeffer und Kümmel würzen. Zu den Fleckerln servieren.

Zubereitungszeit: ca. 20 Minuten (plus Gar- und Backzeit)
Pro Portion ca. 1090 kcal/4578 kJ | 51 g E, 39 g F, 130 g KH

Fleischnudeln

Für 4 Portionen

Nudelteig
500 g Mehl
1 Ei
1 El Öl
Salz
Mehl für die Arbeitsfläche

Füllung
1 Zwiebel
1 Lauchstange
1 El Olivenöl
500 g gemischtes Hackfleisch
50 g Paniermehl
1 Eiweiß
Salz
Pfeffer

Mehl, Ei, Öl und etwas Wasser zu einem festen Teig verarbeiten und salzen. Den Teig etwa 1 Stunde ruhen lassen.

Die Zwiebel schälen und hacken. Den Lauch gründlich putzen, waschen, abtropfen lassen und den hellen Teil in dünne Ringe schneiden. Das Öl in einer Pfanne erhitzen und die Zwiebel sowie den Lauch darin gut anschmoren. Das Hackfleisch mit der Pfannenmischung verrühren. Paniermehl und Eiweiß zugeben und würzen.

Den Teig auf einer bemehlten Arbeitsfläche dünn ausrollen, zu einer Rolle formen und daraus dünne Scheiben abschneiden. Die Scheiben in der Handfläche flach drücken, jeweils etwas Füllung daraufgeben und den Teig halbkreisförmig zu Taschen zusammenlegen. Die Ränder gut festdrücken und mit einer Gabel Zacken hineindrücken.

Die Fleischnudeln in kochendem Salzwasser etwa 15 Minuten garen. Mit zerlassenem Speck servieren.

Zubereitungszeit: ca. 30 Minuten (plus Ruhe-, Schmor- und Garzeit)
Pro Portion ca. 862 kcal/3620 kJ | 40 g E, 32 g F, 100 g KH

Schlipfkrapfen

Für 4 Portionen

Krapfenteig
je 150 g Roggen- und Weizenmehl
Salz
3 El Butter
Mehl für die Arbeitsfläche

Füllung
200 g Kartoffeln
Salz
1 Zwiebel
1 El Olivenöl
150 g Topfen (Quark)
150 g Graukäse
Pfeffer
1/2 Tl getrockneter Thymian
Butter
Paniermehl

Aus den beiden Mehlsorten, Salz, Butter und 250 ml Wasser einen festen Teig bereiten und etwa 30 Minuten ruhen lassen.

Die Kartoffeln in der Schale in wenig gesalzenem Wasser etwa 20 Minuten garen. Dann abgießen, abtropfen lassen und pellen. Noch heiß durch die Kartoffel-presse drücken. Die Zwiebel schälen, hacken und im Öl glasig schmoren. Zwiebel, Topfen und zerbröselten Graukäse unter das Kartoffelpüree mischen. Mit Salz, Pfeffer und Thymian würzen.

Den Teig auf einer bemehlten Arbeitsfläche ausrollen und in zwei Teile teilen. Die Füllung in Abständen auf die untere Teigplatte verteilen. Mit der oberen Teig-platte abdecken. Mit einem Glas runde Krapfen ausstechen und die Ränder festdrücken.

Die Schlipfkrapfen in kochendem Salzwasser etwa 10 Minuten garen. Mit geschmolzener Butter und geröstetem Paniermehl bestreuen.

Zubereitungszeit: ca. 30 Minuten (plus Ruhe-, Schmor- und Garzeit)
Pro Portion ca. 552 kcal/2318 kJ | 23 g E, 13 g F, 81 g KH

Tiroler Tirtln

Für 4 Portionen

Teig
300 g Mehl
3 Eier
Salz
Milch nach Bedarf
Mehl für die Arbeitsfläche

Füllung
3 El frisch geriebener Parmesan
250 g Topfen (Magerquark)
2 El Schmand
3 El frisch gehackte gem. Kräuter
Salz
Pfeffer
gemahlene Muskatnuss
1 Eiweiß
100 g Butterschmalz

Aus Mehl, Eiern, Salz und Milch einen festen Teig bereiten. Nach Bedarf noch etwas Milch hinzufügen. Den Teig mit den Händen durchkneten, bis er glänzt. 30 Minuten ruhen lassen.

Den Parmesan mit Topfen, Schmand, Kräutern, Salz, Pfeffer und Muskat vermischen. Den Teig auf einer bemehlten Arbeitsfläche dünn ausrollen und mit einem Glas Kreise ausstechen. Auf jeden Kreis 1 El Füllung geben und eine zweite Teigscheibe daraufsetzen.

Das Eiweiß mit Wasser verquirlen und die Ränder der Teigkreise damit einstreichen. Das Butterschmalz in einem Topf erhitzen. Die Tirteln im heißen Fett von beiden Seiten goldbraun backen. Auf Küchenpapier abtropfen lassen und heiß mit Kartoffel-brei servieren.

Zubereitungszeit: ca. 20 Minuten (plus Ruhe- und Backzeit)
Pro Portion ca. 657 kcal/2759 kJ | 26 g E, 35 g F, 57 g KH

Spinatnocken

Für 4 Portionen
500 g Spinat
Salz
Pfeffer
gemahlene Muskatnuss
3 Eier
400 g Mehl
250 ml Milch
1 Zwiebel
50 g Butter
125 ml Sahne
frisch geriebener Käse

Den Spinat putzen, waschen und ohne ihn trocken zu schütteln in einem Topf unter Rühren zusammenfallen lassen. Den Spinat aus dem Topf nehmen, abtropfen lassen und pürieren.

Das Spinatpüree mit den Gewürzen, den Eiern, dem Mehl und so viel Milch vermengen, dass ein nicht sehr fester Teig entsteht.

In einem Topf reichlich Salzwasser zum Kochen bringen. Den Teig durch eine Spätzlepresse ins kochende Wasser drücken oder von Hand Spätzle schaben. Wenn die Spätzle oben schwimmen, aus dem Wasser holen und in einem Sieb abtropfen lassen.

Die Zwiebel schälen und fein hacken. In der heißen Butter glasig schmoren. Die Sahne zugeben und etwas einkochen. Die Spinatnocken darin wenden. Mit geriebenem Käse bestreut servieren.

Zubereitungszeit: ca. 30 Minuten (plus Gar- und Schmorzeit)
Pro Portion ca. 672 kcal/2822 kJ | 22 g E, 29 g F, 77 g KH

Kürbisnudeln mit Speck

Für 4 Portionen
1 kg Kürbis
150 g Schalotten
100 g Butter
50 g Kürbiskerne
Salz
400 g Bandnudeln
75 g Tiroler Speck
2 Tl Rosenpaprikapulver
150 g Crème fraîche
1 Bund frisch gehackter Schnittlauch

Den Kürbis halbieren, entkernen, schälen und grob raspeln. Die Schalotten schälen und in feine Würfel schneiden. 1 El Butter in einer Pfanne schmelzen und die Kürbiskerne darin rösten, anschließend salzen.

Die Bandnudeln in kochendem Salzwasser bissfest garen, in einem Sieb abtropfen lassen. Den Speck in Scheiben schneiden, diese halbieren und in einer Pfanne ohne Fett bei mittlerer Temperatur von jeder Seite etwa 2 Minuten knusprig braten.

Die restliche Butter in einem Topf erhitzen, die Schalottenwürfel und Kürbisraspel hineingeben und unter Rühren nicht zu weich dünsten. Mit Salz und Paprika würzen. Die Nudeln und die Crème fraîche unterheben und erhitzen. Zuletzt die Kürbiskerne und den Schnittlauch dazugeben. Die Nudeln mit den Speckscheiben belegen und servieren.

Zubereitungszeit: ca. 30 Minuten (plus Gar- und Schmorzeit)
Pro Portion ca. 820 kcal/3465 kJ | 24 g E, 42 g F, 84 g KH

Fleisch & Geflügel

Wiener Schnitzel

Für 4 Portionen
4 Kalbsschnitzel (à 150 g)
Salz
Pfeffer
100 g Mehl
3 Eier
1 El Milch
150 g Paniermehl
300 ml Öl
1 unbehandelte Zitrone

Die Kalbsschnitzel waschen, trocken tupfen und sehr flach klopfen. Mit Salz und Pfeffer würzen. Das Mehl auf einen Teller geben. Auf einem zweiten Teller die Eier mit Milch verquirlen. Das Paniermehl auf einen dritten Teller geben.

Die Kalbsschnitzel der Reihe nach zuerst in Mehl, dann in den Eiern und zuletzt im Paniermehl wenden, bis es gut am Fleisch haftet.

Das Öl in einer Pfanne erhitzen und nacheinander die Schnitzel darin von beiden Seiten je 3 Minuten braten. Aus der Pfanne nehmen und auf Küchenpapier abtropfen lassen.

Die Zitrone heiß abwaschen und in Scheiben schneiden. Das Wiener Schnitzel mit Erdäpfelsalat und Zitronenscheiben garniert servieren.

Zubereitungszeit: ca. 20 Minuten (plus Bratzeit)
Pro Portion ca. 647 kcal/2927 kJ | 43 g E, 35 g F, 48 g KH

Salzburger Schweinebraten

Für 4 Portionen
1 kg Jungschweinebrust, vom Metzger
eine Tasche hineinschneiden lassen
Salz
Pfeffer
gemahlener Kümmel
300 g Bratwurstbrät
50 g Bauchspeck
100 g roher Schinken
1 El Mehl
500 ml Fleischbrühe

Das Fleisch waschen, trocken reiben, innen und außen mit Salz, Pfeffer und Kümmel einreiben. Das Bratwurstbrät mit einer Gabel zerteilen, den Speck und Schinken in feine Würfel schneiden und mit dem Brät mischen.

Die Füllung in die Schweinebrust geben und mit Küchengarn verschließen. Mit der Schwartenseite nach unten in einen etwa 1–2 cm hoch mit Wasser gefüllten Bräter legen und 30 Minuten abgedeckt schmoren.

Die Brust umdrehen und die Schwartenseite knusprig braten. Mehrmals mit dem Bratensaft begießen. Nach der Garzeit das Fleisch aus dem Bräter nehmen und warm stellen. Den Bratfond entfetten, Mehl einrühren und die Fleischbrühe angießen und aufkochen.

Den Braten in Scheiben schneiden und mit der Sauce und Knödeln servieren.

Zubereitungszeit: ca. 20 Minuten (plus Garzeit)
Pro Portion ca. 802 kcal/3368 kJ | 70 g E, 57 g F, 2 g KH

Zwiebelrostbraten

Für 4 Portionen
2 Gemüsezwiebeln
30 g Butter
4 dünne Scheiben Rindfleisch aus der Hohen Rippe
Salz
Pfeffer
2 El Mehl
40 g Butterschmalz
125 ml Fleischbrühe

Die Gemüsezwiebeln schälen und in dünne Ringe schneiden. 20 g Butter in einer Pfanne erhitzen und die Zwiebelringe darin knusprig braten. Herausnehmen, abtropfen lassen und warm stellen.

Die Fleischscheiben waschen, trocken reiben, klopfen, an den Rändern etwas einschneiden und mit Salz und Pfeffer würzen. Von einer Seite mit Mehl bestäuben. Butterschmalz in der Pfanne erhitzen und die Fleischscheiben zuerst auf der bemehlten Seite, dann von der anderen Seite etwa 5 Minuten braten.

Wenn das Fleisch durch ist, herausnehmen, den Bratfond mit Brühe ablöschen und die Sauce etwas reduzieren. Die restliche Butter mit dem Schneebesen einrühren. Den Rostbraten mit den Zwiebeln und der Sauce servieren, dazu Salzkartoffeln und Salat reichen.

Zubereitungszeit: ca. 20 Minuten (plus Brat- und Kochzeit)
Pro Portion ca. 482 kcal/2024 kJ | 41 g E, 34 g F, 2 g KH

Innsbrucker Gröstl

Für 4 Portionen
400 g Kartoffeln
Salz
500 g Kalbsfleisch
1 Zwiebel
60 g Butter
Pfeffer
1 Tl getrockneter Majoran
1/2 Bund frisch gehackte Petersilie

Die Kartoffeln in der Schale in leicht gesalzenem Wasser etwa 25 Minuten garen. Abgießen, ausdämpfen lassen und pellen. Das Fleisch waschen, trocken reiben und in dünne Scheiben oder Würfel schneiden. Die Zwiebel schälen und hacken.

Die Butter in einer großen Pfanne erhitzen und die Zwiebel darin glasig schmoren. Die Fleischscheiben oder -würfel hinzufügen und knusprig braten. Mit Salz, Pfeffer und Majoran abschmecken.

Die Kartoffeln in Scheiben schneiden und unter die Fleischmischung heben. Mitbraten, würzen und mit Petersilie bestreut servieren. Dazu Krautsalat oder Sauerkraut reichen.

Zubereitungszeit: ca. 20 Minuten (plus Gar- und Bratzeit)
Pro Portion ca. 347 kcal/1457 kJ | 26 g E, 19 g F, 16 g KH

Steirisches Wurzelfleisch

Für 4 Portionen
800 g Schweinefleisch, Schulter oder
Bauchfleisch mit Schwarte
1 Knoblauchzehe
1 Zwiebel
1 Lorbeerblatt
5 Pfefferkörner
5 Pimentkörner
1 Tl Kümmel
1 Majoranzweig
2 Petersilienzweige
Salz
Pfeffer
2 Bund Suppengemüse
3 Kartoffeln
3 El Weinessig
1/2 Meerrettichwurzel

Das Fleisch waschen und trocken reiben. In einen großen Topf geben, Knoblauch und
Zwiebel schälen und beides halbiert zum Fleisch geben. Die Gewürze in ein Säckchen
füllen und dazugeben. Die Kräuter waschen und zum Fleisch geben. Mit Wasser auf-
füllen und mit Salz und Pfeffer würzen. Das Fleisch etwa 1 Stunde 30 Minuten garen.
Dann aus dem Topf nehmen.

Das Suppengemüse putzen, waschen, nach Bedarf schälen und würfeln. Mit den ge-
schälten und gewürfelten Kartoffeln in die Fleischbrühe geben und in etwa 20 Minuten
garen. Herausnehmen. Etwa 300 ml Kochsud abgießen und mit dem Essig verfeinern.

Das Fleisch in Scheiben schneiden, mit dem Gemüse, dem gesäuerten Sud und frisch
geriebenem Meerrettich servieren.

Zubereitungszeit: ca. 30 Minuten (plus Garzeit)
Pro Portion ca. 460 kcal/1932 kJ | 45 g E, 18 g F, 27 g KH

Prasselfleisch

Für 4 Portionen
400 g Schweinefilet
2 El Maisstärke
3 El Butterschmalz
Salz
Pfeffer
125 ml Sahne
125 ml Fleischbrühe
1 El frisch gehackter Kerbel

Das Filet waschen, trocken tupfen und in dünne Scheiben schneiden. Die Scheiben mit der Maisstärke überziehen.

Das Butterschmalz in einer Pfanne erhitzen und die Fleischscheiben darin unter Wenden etwa 2 Minuten von jeder Seite braten. Das Fleisch mit Salz und Pfeffer würzen.

Sahne und Brühe angießen und etwas einkochen lassen. Die Sauce abschmecken und das Prasselfleisch mit Kerbel bestreut servieren. Dazu frisches Brot oder Salat reichen.

Als Hauptgericht mit Nudeln servieren.

Zubereitungszeit: ca. 20 Minuten (plus Bratzeit)
Pro Portion ca. 295 kcal/1239 kJ | 24 g E, 19 g F, 5 g KH

Kapuzinerfleisch

Für 4 Portionen
750 g Kalbsnierenbraten
2 Kalbsnieren
Salz
Pfeffer
2 El getrocknetes Basilikum
4 El Butterschmalz
250 ml Weißwein
250 g grüne Bohnen
1 Knoblauchzehe
200 g Bauchspeck
500 ml Rinderfond

Das Fleisch und die Nieren waschen, trocken tupfen, die Nieren von Fett und Sehnen befreien und in Würfel schneiden. In den Nierenbraten in der Mitte eine Tasche schneiden. Die Nieren in die Tasche geben, den Braten mit Salz, Pfeffer und Basilikum einreiben und mit Küchengarn umwickeln.

Das Butterschmalz in einem Bräter erhitzen und den Braten darin von beiden Seiten gut anbraten. Den Wein angießen. Die Bohnen putzen, waschen, klein schneiden, die Knoblauchzehe schälen und hacken. Den Speck in dünne Streifen schneiden. Alles zum Fleisch geben, die Hälfte des Rinderfonds zugießen und abgedeckt etwa 55 Minuten schmoren, bis das Fleisch gar ist. Nach Bedarf noch etwas Rinderfond zugeben. Küchengarn entfernen und den Braten in Scheiben schneiden.

Das Kapuzinerfleisch mit Erdäpfelpüree und gebratenen Zwiebelringen servieren.

Zubereitungszeit: ca. 30 Minuten (plus Brat- und Garzeit)
Pro Portion ca. 795 kcal/3339 kJ | 49 g E, 62 g F, 4 g KH

Mariniertes Kaninchen mit Kartoffelkuchen

Für 4 Portionen
1 Kaninchenrücken ohne Knochen
2 El Weißweinessig
5 El Olivenöl
Salz
Pfeffer
2 El Crème fraîche
4 große Kartoffeln
Sonnenblumenöl

Den Kaninchenrücken waschen, trocken reiben und quer in dünne Scheiben schneiden. Mit dem Fleischklopfer flach klopfen und auf einer Platte anrichten.

Essig, Olivenöl, Salz und Pfeffer gut verquirlen und über die Kaninchenscheiben
geben. Die Crème fraîche dekorativ darüber verteilen.

Die Kartoffeln schälen, grob reiben und mit Salz und Pfeffer würzen. Aus dem Teig
kleine Kuchen formen und im heißen Sonnenblumenöl goldbraun ausbacken. Zum
marinierten Kaninchen reichen.

Zubereitungszeit: ca. 25 Minuten (plus Bratzeit)
Pro Portion ca. 477 kcal/2003 kJ| 33 g E, 24 g F, 30 g KH

Rehrücken mit Gewürz-Zwetschgen-Sauce

Für 4 Portionen
800 g Rehrücken
Salz
60 g schwarze Pfefferkörner
120 g Piment
60 g Wacholderbeeren
30 g Kümmel
150 g Korianderkörner
3 El Butterschmalz
2–3 El Butter

Sauce
2 Zwiebeln
2 Schalotten
2 Knoblauchzehen
2 Karotten
2 Stangen Staudensellerie
2 El Öl
3 El Butter
500 g Wildknochen
1 Tl Tomatenmark
125 ml Rotwein

50 ml halbtrockener Sherry
500 ml Rinderfond
2 El Zwetschgenmarmelade
Saft von 1 Orange
4 Wacholderbeeren
1 Lorbeerblatt
1 Thymianzweig
1/2 Rosmarinzweig
5 El Butter

Den Backofen auf 180 °C (Umluft 160 °C) vorheizen. Den Rehrücken waschen und trocken tupfen. Von Haut und Sehnen befreien. Die Gewürze in einer Pfanne ohne Fett rösten, bis sie duften, dann im Mixer zerkleinern. Das Fleisch in der Gewürzmischung wenden und im heißen Butterschmalz von allen Seiten gut anbraten. Im Backofen noch einige Zeit nachgaren lassen.

Inzwischen für die Sauce das Gemüse putzen, schälen, zerkleinern. Öl und Butter erhitzen und das Gemüse mit den Knochen darin andünsten. Tomatenmark zugeben und mitschmoren. Wein und Sherry angießen und die restlichen Zutaten bis auf die Butter einrühren und zugeben. Die Sauce etwa 1 Stunde 30 Minuten köcheln, dann abschmecken und durch ein Sieb streichen.

Das Fleisch in Scheiben schneiden, mit der Butter bestreichen und mit der Gewürz-sauce servieren. Dazu schmecken Nockerln.

Zubereitungszeit: ca. 40 Minuten (plus Schmor-, Brat- und Garzeit)
Pro Portion ca. 642 kcal/2696 kJ | 54 g E, 26 g F, 39 g KH

Lammbraten Steiermark

Für 4 Portionen

1 Lammkeule ohne Knochen (ca. 1,2 kg)	1 Lorbeerblatt
2 Knoblauchzehen	2 Zweige Zitronenmelisse
Salz	2 El Paniermehl
Pfeffer	1 El frisch gehackte Petersilie
1 Tl getrockneter Salbei	2 El frisch geriebener Parmesan
500 g Lammknochen	30 g Butter
2 El Öl	1 Tl Mehl
1 Zwiebel	1 Tl Tomatenmark
1 Bund Suppengemüse	125 ml Rotwein
je 5 Pfeffer- und Pimentkörner	125 ml Rinderbrühe

Den Backofen auf 280 °C (Umluft 260 °C) vorheizen. Das Fleisch waschen, von Haut und Sehnen befreien und trocken tupfen. Die Knoblauchzehen schälen. Das Fleisch mit Salz, Pfeffer, 1 gehackten Knoblauchzehe und dem Salbei einreiben. Die Knochen klein hacken und in einem Bräter im heißen Öl unter Rühren anbraten. Die Zwiebel schälen, das Suppengemüse putzen und hacken, beides würfeln und zu den Knochen geben. Alles einige Minuten schmoren.

Die Gewürzkörner und das Lorbeerblatt zugeben und das Fleisch darauflegen. Die Zitronenmelisse waschen, trocken schütteln und das Fleisch damit bedecken. Abgedeckt im Ofen etwa 1 Stunde braten, nach 30 Minuten wenden.

Das gegarte Fleisch aus dem Bräter nehmen und auf eine vorgewärmte Platte legen. Paniermehl, Petersilie, Parmesan und die zweite gehackte Knoblauchzehe mischen und den Lammbraten damit einstreichen. Mit Butterflöckchen belegen und im Bräter im Ofen noch etwa 15 Minuten überbacken.

Den Bratenfond entfetten und in einem Topf aufkochen. Mehl und Tomatenmark einrühren, mit Rotwein und Fleischbrühe aufgießen und sämig einkochen.

Zubereitungszeit: ca. 30 Minuten (plus Schmor- und Garzeit)
Pro Portion ca. 512 kcal/2150 kJ | 75 g E, 17 g F, 7 g KH

Rinderrouladen

Für 4 Portionen
4 Rinderrouladen
Salz
4 Gewürzgurken
2 El abgetropfte Kapern
aus dem Glas
2 El Dijonsenf
4 dünne Scheiben roher Schinken
2 El Butterschmalz
125 ml Rotwein
375 ml Rinderfond

Die Rouladen waschen, trocken reiben, auf einer Arbeitsfläche flach klopfen und salzen. Die Gurken längs in Scheiben schneiden. Die Kapern hacken.

Die Rouladen dünn mit Senf bestreichen, dann mit je 1 Scheibe Schinken belegen, darauf Gurkenscheiben und Kapern geben. Die Rouladen zusammenrollen und mit Rouladennadeln feststecken. Den Backofen auf 160 °C (Umluft 140 °C) vorheizen.

Das Butterschmalz in einer Pfanne erhitzen und die Rouladen darin von allen Seiten gut anbraten. Dann in einen Bräter legen. Den Bratensatz mit Rotwein ablöschen, aufkochen und mit dem Rinderfond über die Rouladen geben. Im Ofen etwa 1 Stunde braten. Die Rouladen mit dem Bratensaft, Rotkraut und Erdäpfelbrei oder Bandnudeln servieren.

Zubereitungszeit: ca. 20 Minuten (plus Brat- und Schmorzeit)
Pro Portion ca. 305 kcal/1281 kJ | 37 g E, 13 g F, 3 g KH

Backhendl

Für 4 Portionen
1 küchenfertiges Brathuhn (ca. 1,25 kg)
Salz
Pfeffer
4 El Mehl
3 Eier
Paniermehl
100 g Butterschmalz

Das Huhn innen und außen waschen, trocken tupfen und halbieren. Die Haut abziehen, die Schenkel vom Huhn abtrennen und im Gelenk trennen. Nun noch die Flügel abschneiden, sodass nur noch das kompakte Bruststück übrig ist.

Die Hühnerstücke mit Salz und Pfeffer würzen und in Mehl, verquirlten Eiern und in reichlich Paniermehl wenden.

Das Butterschmalz in einer hohen Pfanne erhitzen und die panierten Hähnchenteile darin von beiden Seiten etwa 10 Minuten knusprig braten. Danach auf Küchenpapier abtropfen lassen und mit Erdäpfelsalat servieren.

Zubereitungszeit: 20 Minuten (plus Bratzeit)
Pro Portion ca. 705 kcal/2961 kJ | 66 g E, 46 g F, 5 g KH

Perlhuhn auf Ingwerkraut

Für 4 Portionen
2 küchenfertige Perlhühner
Salz
Pfeffer
1 Bund gemischte Kräuter
3 El Öl
75 g Bauchspeck
1 kleiner Kopf Rotkraut
1 Zwiebel
2 El Butterschmalz
4 Nelken
125 ml Rotwein
125 ml Gemüsebrühe
2 El Rotweinessig
1 Tl frisch geriebener Ingwer
1 Tl gemahlener Koriander

Den Backofen auf 250 °C (Umluft 230 °C) vorheizen. Die Perlhühner waschen und trocken tupfen. Mit Salz und Pfeffer einreiben. Die Kräuter waschen, trocken schütteln und die Hälfte davon in die Bauchhöhle der Perlhühner stecken. Das Geflügel in einen mit Öl eingefetteten Bräter legen, restliche Kräuter dazulegen und im Ofen etwa 30 Minuten anbraten. In dieser Zeit mit dem Bratensaft begießen.

Die Perlhühner wenden, die Temperatur auf 150 °C (Umluft 130 °C) herunterschalten. Den Speck in Scheiben schneiden und auf das Geflügel legen. Weitere 30 Minuten braten und danach 10 Minuten ruhen lassen.

Das Rotkraut waschen und hobeln, die Zwiebel schälen und würfeln. Im heißen Butterschmalz andünsten, das Kraut zugeben und kurz mitschmoren. Mit Salz, Pfeffer und Nelken würzen und etwas Rotwein, Brühe und den Essig zugeben. Das Rotkraut etwa 40 Minuten schmoren. Die restliche Flüssigkeit nach und nach zugießen. Zuletzt mit Ingwer und Koriander abschmecken. Die Perlhühner auf dem Rotkraut anrichten. Dazu Knödel servieren.

Zubereitungszeit: ca. 30 Minuten (plus Brat- und Schmorzeit)
Pro Portion ca. 605 kcal/2541 kJ | 47 g E, 42 g F, 3 g KH

Bauernente mit Krautsalat

Für 4 Portionen
1 küchenfertige Bauernente (ca. 2 kg)
Salz
Pfeffer
2 El Gänseschmalz
250 ml Geflügelbrühe
1 kleiner Kopf Weißkraut
1 Tl gemahlener Kümmel
3 El Weißweinessig
2 El Öl
50 g Speck
2 El frisch gehackte Petersilie

Den Backofen auf 250 °C (Umluft 230 °C) vorheizen. Die Ente waschen, trocken reiben und innen und außen mit Salz und Pfeffer einreiben. Mit flüssigem Gänseschmalz einreiben und mit der Brust nach unten in einen Bräter legen. Im Ofen etwa 30 Minuten backen, danach die Temperatur auf 180 °C (Umluft 160 °C) herunterschalten und die Ente weitere 1 Stunde 30 Minuten backen. Dabei mit der Geflügelbrühe und Bratensaft begießen.

Für den Salat den Krautkopf waschen, hobeln und in einer Schüssel mit Salz, Pfeffer, Kümmel, Essig und Öl mischen. Mit den Händen gut durchkneten, sodass sich das Dressing verteilt. Den Speck würfeln, in einer Pfanne knusprig braten und über das Kraut gießen. Petersilie unterheben.

Die Bauernente mit Knödeln und Krautsalat servieren.

Zubereitungszeit: ca. 30 Minuten (plus Bratzeit)
Pro Portion ca. 1002 kcal/4208 kJ | 69 g E, 80 g F, 2 g KH

Wachtel mit Speck

Für 4 Portionen
4 küchenfertige Wachteln
Salz
Pfeffer
getrockneter Salbei
8 Gewürznelken
4 kleine Stücke Zimtstange
4 Speckscheiben
60 g Butterschmalz

Den Backofen auf 230 °C (Umluft 200 °C) vorheizen. Die Wachteln waschen, trocken reiben, innen und außen mit Salz, Pfeffer und Salbei einreiben. Mit Nelken und Zimtstücken spicken und mit den Speckscheiben umwickeln.

Die Wachteln in einem Bräter im heißen Butterschmalz anbraten, dann im Backofen etwa 15 bis 20 Minuten backen. Mehrfach mit Bratensaft und heißem Wasser übergießen und die Wachteln knusprig braun werden lassen. Vor dem Servieren Nelken und Zimtstücke aus den Wachteln entfernen. Gebackene Wachteln auf Polentaschnitten servieren. Dazu grünes Gemüse reichen.

Zubereitungszeit: ca. 20 Minuten (plus Bratzeit)
Pro Portion ca. 657 kcal/2759 kJ | 38 g E, 38 g F, 39 g KH

Fisch
& Schalentiere

Gefüllte Bachforellen

Für 4 Portionen
4 küchenfertige Bachforellen
2 El Zitronensaft
1/2 Bund Frühlingszwiebeln
100 g Butter
3 El Paniermehl
1 Tl frisch gehackte Zitronenmelisse
1 Bund frisch gehackte Petersilie
125 ml Sahne
Salz
Pfeffer
1 Lorbeerblatt
2 Thymianzweige

Die Fische innen und außen waschen, trocken tupfen und mit Zitronensaft beträufeln. Die Frühlingszwiebeln putzen, waschen und in Ringe schneiden.

Aus 50 g Butter, Frühlingszwiebeln, Paniermehl, Zitronenmelisse, Petersilie, Sahne, Salz und Pfeffer eine Füllung bereiten und die Forellen damit füllen. Die Fische von außen salzen und mit Zahnstochern feststecken. Den Backofen auf 180 °C (Umluft 160 °C) vorheizen.

Die Forellen in einen großen Bräter legen. Die restliche Butter zerlassen und die Fische damit einstreichen. Das Lorbeerblatt und die Thymianzweige dazulegen und im Ofen etwa 30 Minuten braten. Die gefüllten Bachforellen mit Petersilienkartoffeln servieren.

Zubereitungszeit: ca. 20 Minuten (plus Bratzeit)
Pro Portion ca. 442 kcal/1856 kJ | 34 g E, 25 g F, 18 g KH

Gebratener Wels auf Kürbis

Für 4 Portionen
2 Schalotten
1 Knoblauchzehe
500 g Kürbisfleisch
2 El Öl
Salz
Pfeffer
Muskat
150 ml Gemüsebrühe
4 küchenfertige Welsfilets
(à ca. 150 g) mit Haut
1 El Zitronensaft
2 El Butterschmalz
25 ml Kürbiskernöl

Die Schalotten und den Knoblauch schälen und hacken. Das Kürbisfleisch schälen, entkernen und in mundgerechte Stücke schneiden.

Das Öl in einem Topf erhitzen und die Schalotten mit dem Knoblauch darin glasig schmoren. Die Kürbisstücke hinzufügen und unter Rühren anschmoren. Mit Salz, Pfeffer und Muskat würzen. Die Brühe angießen und den Kürbis etwa 10 Minuten schmoren. Die Kürbiskerne in einer Pfanne ohne Fett rösten und warm stellen.

Die Welsfilets waschen, trocken tupfen, Gräten entfernen und den Fisch mit Zitronensaft beträufeln. Die Fleischseite pfeffern und salzen. Das Butterschmalz erhitzen und die Fischfilets zuerst auf der Hautseite braten. Wenn die Haut knusprig ist, die Filets wenden und von der anderen Seite noch etwa 1 Minute braten.

Die Welsfilets auf dem Kürbisgemüse anrichten. Mit Kürbiskernöl umgießen.

Zubereitungszeit: ca. 30 Minuten (plus Schmor- und Bratzeit)
Pro Portion ca. 405 kcal/1701 kJ | 25 g E, 31 g F, 7 g KH

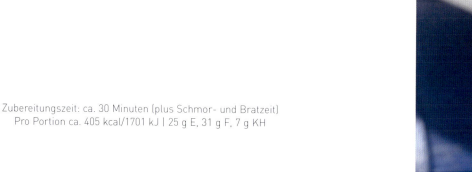

Gesottene Flusskrebsschwänze in feiner Sauce

Für 4 Portionen
1 kg gekochte Flusskrebsschwänze
4 El Butterschmalz
2 Tl edelsüßes Paprikapulver
1 l Fischfond
200 ml trockener Weißwein
1/2 Bund Dill
2 Knoblauchzehen
100 ml Sahne
30 g Butter
100 g saure Sahne
Salz
Worcestersauce

Das Krebsfleisch aus den Krebsschwänzen lösen und die Schalen mit dem Hammer zerkleinern oder durch den Fleischwolf drehen, das Krebsschwanzfleisch kalt stellen. Das Butterschmalz in einem Topf erhitzen und die Krebsschalen darin rösten. Das Paprikapulver darüberstreuen und den Fischfond mit dem Wein dazugießen.

Den Dill waschen, Blättchen von den Stängeln zupfen und fein hacken. Den Knoblauch schälen. Die Dillstängel und den Knoblauch im Sud mitkochen, alles etwa 30 Minuten köcheln. Dann die Flüssigkeit durch ein mit einem Tuch ausgelegtes Sieb gießen. 750 ml Kochfond auffangen und in einem Topf auf ein Drittel einkochen lassen.

Die reduzierte Sauce mit der Sahne verfeinern. Die Butter in Flöckchen in die Sauce rühren und anschließend die saure Sahne unterheben. Aufkochen lassen und mit Salz und etwas Worcestersauce abschmecken. Krebsschwänze in die Sauce geben und erhitzen.

Das Krebsragout mit der Sauce auf Tellern verteilen, mit Dill bestreuen und mit Gurkensalat servieren. Dazu frisches Brot oder Reis reichen.

Zubereitungszeit: ca. 30 Minuten (plus Röst- und Garzeit)
Pro Portion ca. 457 kcal/1919 kJ | 49 g E, 24 g F, 6 g KH

Hechtpörkölt mit roter Sauce

Für 4 Portionen
2 Zwiebeln
800 g rote Paprikaschoten
2 Knoblauchzehen
50 g Butter
1 Tl Kümmelsamen
1 Tl scharfes Paprikapulver
400 ml Fischfond
800 g Hechtfleisch
Salz
Pfeffer
3 El Öl
1/2 Bund frisch gehackte Petersilie

Die Zwiebeln schälen und würfeln. Die Paprikaschoten putzen, waschen, entkernen und das Fruchtfleisch ebenfalls in Würfel schneiden. Den Knoblauch schälen und hacken.

Die Butter in einer Pfanne erhitzen. Die Zwiebeln, den Knoblauch sowie die Paprika- würfel darin unter Rühren andünsten. Den Kümmel hinzufügen und das Paprikapulver einstreuen. Den Fischfond angießen und aufkochen lassen. 20 Minuten bei mittlerer Temperatur garen. Dann pürieren.

Das Hechtfleisch waschen, trocken tupfen und von den Gräten befreien. Das Fisch- fleisch in größere Stücke (à etwa 50 g) schneiden und mit Salz und Pfeffer würzen. Das Öl in einem Bräter erhitzen und die Fischstücke darin von beiden Seiten etwa 3 Minuten braten. Anschließend die Sauce über den Fisch gießen und alles weitere 2 Minuten köcheln.

Das Hechtpörkölt mit Petersilie bestreuen und servieren. Dazu Nudeln oder Sahne- Kartoffelbrei reichen.

Zubereitungszeit: ca. 30 Minuten (plus Schmor-, Gar- und Bratzeit)
Pro Portion ca. 295 kcal/1239 kJ | 40 g E, 10 g F, 8 g KH

Reinanke in Pilzsauce

Für 4 Portionen
4 küchenfertige Reinankenfilets mit Haut (Renken)
4 El Olivenöl
Salz
Pfeffer
1 Schalotte
250 ml Fischfond
250 ml Weißwein
3 Petersilienstängel
150 g Steinpilzchampignons
75 g Butter

Die Fischfilets waschen und trocken tupfen. 3 El Olivenöl in einer Pfanne erhitzen und die Filets darin zuerst auf der Hautseite braten, dann wenden und von der anderen Seite etwa 3 Minuten braten. Die Fleischseite mit Salz und Pfeffer würzen. Die Filets aus der Pfanne nehmen und warm stellen.

Die Schalotte schälen und fein hacken. 1 El Olivenöl erhitzen und die Schalotte darin andünsten. Fischfond, Wein und Petersilienstängel zugeben und um ein Drittel einkochen. Die Pilze putzen, feucht abwischen und 10 Minuten in der Sauce garen. Petersilie aus der Sauce nehmen und mit Salz und Pfeffer würzen.

Die Butter nach und nach in die Sauce rühren und diese damit binden. Die Fischfilets mit der Pilzsauce und Kartoffelkroketten servieren.

Zubereitungszeit: ca. 30 Minuten (plus Brat- und Kochzeit)
Pro Portion ca. 495 kcal/2079 kJ | 46 g E, 28 g F, 2 g KH

Zander in Weinsauce

Für 4 Portionen
4 Zanderfilets mit Haut
Salz
Pfeffer
2 El Limettensaft
50 g Mehl
4 El Butterschmalz
2 Schalotten
125 ml Weißwein
1 cl Noilly Prat
200 ml Sahne
1 El frisch gehackte gemischte Kräuter
(Liebstöckel, Petersilie, Thymian, Estragon)
3 El Butter

Die Fischfilets waschen, trocken tupfen, Gräten entfernen und die Fleischseite mit Salz und Pfeffer würzen. Den Limettensaft darüberträufeln. Die Filets in Mehl wenden. Das Butterschmalz in einer Pfanne schmelzen und die Fischfilets darin zuerst auf der Hautseite, dann auf der Fleischseite etwa 3 Minuten braten. Aus der Pfanne nehmen und warm stellen.

Die Schalotten schälen und fein hacken. In das verbliebene Bratfett geben und unter Rühren andünsten. Wein und Noilly Prat angießen und um die Hälfte einkochen. Dann die Sahne unterrühren. Die Sauce mit Salz, Pfeffer und den Kräutern abschmecken. Die Butter zugeben und mit dem Mixstab cremig rühren.

Das Zanderfilet mit der Sauce, Ofenkartoffeln und Gemüsejulienne servieren.

Zubereitungszeit: ca. 20 Minuten (plus Brat- und Kochzeit)
Pro Portion ca. 530 kcal/2226 kJ | 51 g E, 28 g F, 12 g KH

Karpfen mit Sauerkraut

Für 4 Portionen
1 kg Karpfenfilet
Saft von 1 Zitrone
1 Zwiebel
2 Knoblauchzehen
100 g Butterschmalz
500 g Sauerkraut
1 Tl Kümmelsamen
125 g saure Sahne
Salz
Pfeffer
50 g Mehl
2 Eier
100 g Paniermehl
1 El frisch gehackter Schnittlauch

Das Karpfenfilet waschen, trocken tupfen, in größere Stücke schneiden und mit Zitronensaft beträufeln. Die Zwiebel und die Knoblauchzehen schälen und fein hacken. In 2 El heißem Butterschmalz unter Rühren andünsten. Das Sauerkraut abtropfen lassen und dazugeben. Kümmel, etwas Wasser und die saure Sahne zugeben und mit Salz und Pfeffer abschmecken. Etwa 20 Minuten schmoren.

Mehl, verquirlte, gewürzte Eier und Paniermehl auf 3 Tellern verteilen und die Karpfenstücke nacheinander darin wenden. Das restliche Butterschmalz erhitzen und die Fischstücke darin knusprig braten.

Die gebratenen Karpfenstücke auf dem Sauerkraut anrichten. Mit Schnittlauch bestreut servieren. Dazu Kartoffelbrei reichen.

Zubereitungszeit: ca. 25 Minuten (plus Gar- und Bratzeit)
Pro Portion ca. 650 kcal/2730 kJ | 56 g E, 32 g F, 32 g KH

Süßspeisen, Mehlspeisen & Gebäck

Mohnzelten

Für 4 Portionen (ca. 20 Stück)
250 g Kartoffeln
Salz
400 g Mehl
1 Tl Backpulver
200 g Butter
2 Eier
1 1/2 El Sahne
Sahne zum Bestreichen
Backpapier für das Blech

Füllung
75 g Butter
175 g gemahlener Mohn
175 g brauner Zucker
1 El Honig
1/2 Tl Vanillemark
1 Prise Zimt
1 1/2 El Rum

Die Kartoffeln am Vortag waschen, in wenig gesalzenem Wasser etwa 25 Minuten garen und abkühlen lassen. Die Kartoffeln pellen und fein reiben. Das Mehl mit dem Backpulver mischen und unter die Kartoffeln rühren. Butter, Eier, Sahne und Salz zugeben und einen glatten Teig bereiten. Den Teig zu einer Rolle formen und in etwa 2 cm dicke Scheiben schneiden.

Für die Füllung die Butter in einem Topf schmelzen, Mohn, Zucker und restliche Zutaten einrühren und bei geringer Temperatur 5 Minuten ziehen lassen. Den Backofen auf 200 °C (Umluft 180 °C) vorheizen.

Die Kartoffelteigscheiben flach drücken, mit je 2 Tl Füllung versehen und den Teig darüber verschließen. Die Zelten auf ein mit Backpapier ausgelegtes Backblech legen und mit Sahne bestreichen. Im Backofen etwa 20 Minuten backen.

Zubereitungszeit: ca. 30 Minuten (plus Koch- und Backzeit)
Pro Stück ca. 242 kcal/1016 kJ | 4 g E, 13 g F, 25 g KH

Waldviertler Mohnnudeln

Für 4 Portionen
500 g Kartoffeln
Salz
60 g Butter
1 Ei
150 g Dinkelmehl
200 g gemahlener Mohn
50 g Zucker
1 El Milch
1 El Zucker
Puderzucker zum Bestreuen

Die Kartoffeln in wenig gesalzenem Wasser etwa 20 Minuten kochen, abgießen und noch heiß schälen. Mit dem Kartoffelstampfer zerkleinern und mit 50 g Butter, Salz, Ei und Mehl zu einem festen Teig verkneten.

Aus dem Kartoffelteig daumendicke Rollen formen und etwa fingerlange Stücke abschneiden und zu spätzleförmigen Nudeln drehen. In kochendem Salzwasser etwa 10 Minuten garen, dann abgießen, kalt abspülen, abtropfen lassen. Den Backofen auf 180 °C (Umluft 160 °C) vorheizen.

Den Mohn mit dem Zucker und der restlichen Butter in einer Pfanne leicht rösten. Die Milch und die Nudeln in die Pfanne geben und leicht durchschütteln. Den Zucker darüberstreuen. Die Nudeln im Ofen etwa 20 Minuten überbacken. Mit Puderzucker bestreut servieren.

Zubereitungszeit: ca. 30 Minuten (plus Gar- und Backzeit)
Pro Portion ca. 650 kcal/2730 kJ | 18 g E, 36 g F, 62 g KH

Marillenkuchen

Für 1 Springform
200 g Mehl
150 g kalte Butter
250 g Zucker
1 Prise Salz
75 g gemahlene Mandeln
1 kg Marillen (Aprikosen)
50 g Butter
Mehl für die Arbeitsfläche
Fett für die Form
50 g gehackte Pistazien

Aus Mehl, kalter Butter, 100 g Zucker und Salz einen Mürbeteig fertigen und zu einer Kugel formen. In Folie gewickelt im Kühlschrank etwa 30 Minuten ruhen lassen.

Den Teig anschließend etwa 3 mm dick ausrollen und in eine gefettete Springform (26 cm Durchmesser) geben. Den Teig mehrmals mit einer Gabel einstechen. Mandeln mit 75 g Zucker mischen und auf den Teig streuen. Den Backofen auf 200 °C (Umluft 180 °C) vorheizen.

Die Marillen waschen, halbieren und den Stein entfernen. Die Marillenhälften mit der Schnittfläche nach unten auf den Teig legen. Mit der flüssigen Butter bestreichen und den restlichen Zucker darüberstreuen. Den Kuchen im Ofen etwa 55 Minuten backen. 10 Minuten vor Ende der Backzeit die gehackten Pistazien darüberstreuen und mitbacken.

Zubereitungszeit: ca. 25 Minuten (plus Ruhe- und Backzeit)
Pro Stück ca. 327 kcal/1373 kJ | 13 g E, 48 g F, 121 g KH

Topfenauflauf

Für 4 Portionen
4 Eier
120 g Butter
120 g Zucker
500 g Topfen (Quark)
2 El Rumrosinen
1/4 Tl frisch geriebene Schale
von 1 unbehandelten Zitrone
1 El Rum
Fett für die Form

Die Eier trennen. Die Eiweiße steif schlagen. Die Butter mit dem Zucker und den Eigelben schaumig rühren. Dann die restlichen Zutaten hinzufügen und cremig rühren. Zuletzt den Eischnee unterheben.

Den Backofen auf 180 °C (Umluft 160 °C) vorheizen. Eine Auflaufform einfetten und die Topfenmasse hineingeben. Im Ofen etwa 50 Minuten backen. Herausnehmen und kurz abkühlen lassen.

Den Auflauf aus der Form lösen und lauwarm mit frischen Früchten oder einer Fruchtsauce servieren.

Zubereitungszeit: ca. 15 Minuten (plus Backzeit)
Pro Portion ca. 552 kcal/2318 kJ | 24 g E, 32 g F, 39 g KH

Kaiserschmarrn

Für 4 Portionen
4 Eier
125 g Mehl
125 ml Milch
Salz
1 Tl Backpulver
2 El Zucker
100 g Rosinen
4 El Butter
Puderzucker

Die Eier trennen. Das Eigelb mit Mehl, Milch, Salz, Backpulver und Zucker zu einem glatten Teig verarbeiten und 10 Minuten ruhen lassen. Das Eiweiß zu steifem Schnee schlagen und unter den Teig heben. Zuletzt die gewaschenen Rosinen zugeben.

2 El Butter in einer Pfanne schmelzen und den Teig hineingeben. Bei mittlerer Temperatur einen knusprigen Pfannkuchen braten. Anschließend wenden, die restliche Butter zugeben und von der anderen Seite ebenfalls goldbraun braten.

Den Pfannkuchen nach dem Braten mit zwei Gabeln in Stücke reißen und nochmals kurz braten. Vor dem Servieren mit Puderzucker bestreuen. Dazu frische Früchte oder Zwetschgenröster servieren.

Zubereitungszeit: ca. 20 Minuten (plus Ruhe- und Bratzeit)
Pro Portion ca. 342 kcal/1436 kJ | 12 g E, 12 g F, 43 g KH

Marillenknödel

Für 4 Portionen
400 g Kartoffeln
ca. 120 g Mehl
30 g Grieß
30 g Butter
1 Ei
1 Prise Salz
20 Marillen (Aprikosen)
20 Stück Würfelzucker
Mehl für die Arbeitsfläche
50 g Butter
100 g gehackte Mandeln

Die Kartoffeln in der Schale etwa 20 Minuten garen, abgießen und noch heiß pellen und durch die Presse drücken. Kartoffeln mit Mehl, Grieß, Butter, Ei und Salz zu einem Teig verarbeiten und 30 Minuten ruhen lassen.

Die Marillen waschen, trocken tupfen, den Stein entfernen und durch ein Stück Würfelzucker ersetzen.

Den Teig auf einer bemehlten Arbeitsfläche zu einer Rolle formen und davon kleine Scheiben abschneiden. Jede Teigscheibe mit 1 Marille belegen und daraus einen Knödel formen. Die Marillenknödel in kochendem Wasser garen, bis sie an der Oberfläche schwimmen

Die Butter schmelzen und die Mandeln darin anrösten. Die Marillenknödel in der Mandelbutter wenden und noch warm servieren.

Zubereitungszeit: ca. 20 Minuten (plus Ruhe- und Garzeit)
Pro Portion ca. 582 kcal/2444 kJ | 13 g E, 22 g F, 80 g KH

Powidldatscherln

Für 4 Portionen
250 g Mehl
2 Eier
1/2 Tl Salz
100 g Powidl (Pflaumenmus)
3 El Butterschmalz
Zucker und Zimt zum Bestreuen
Mehl für die Arbeitsfläche

Das Mehl in eine Schüssel sieben und in die Mitte eine Mulde drücken. Die Eier hineinschlagen, das Salz zugeben und alles mit den Händen verkneten. Etwa 2 El Wasser zugeben und einen festen und zähen Teig herstellen. Nach Bedarf noch Mehl zufügen. Teig abdecken und etwa 30 Minuten ruhen lassen.

Anschließend den Teig auf einer bemehlten Arbeitsfläche dünn ausrollen und in Quadrate (etwa 8 cm x 8 cm) schneiden. Auf jedes Quadrat 1 Tl Pflaumenmus geben, das Quadrat zusammenklappen, die Ränder gut festdrücken.

In einem großen Topf Wasser zum Kochen bringen und die Powidldatscherln darin ziehen lassen. Wenn sie an die Oberfläche steigen, herausnehmen, abschrecken und abtropfen lassen.

Das Butterschmalz in einer Pfanne erhitzen und die abgetropften Datscherln darin schwenken. Mit Zucker und Zimt bestreut servieren. Schmecken gut zu Vanilleeis.

Zubereitungszeit: ca. 30 Minuten (plus Ruhe-, Koch- und Bratzeit)
Pro Portion ca. 372 kcal/1562 kJ | 10 g E, 11 g F, 56 g KH

Mohnparfait

Für 4 Portionen
150 g frisch gemahlener Mohn
250 ml Milch
1 Zimtstange
150 g Zucker
1 cl Rum
5 Eigelb
250 ml Sahne

Den Mohn mit der Milch verrühren und in einem Topf zum Kochen bringen. Die Zimtstange, 50 g Zucker und den Rum unterrühren und die Masse etwa 20 Minuten quellen lassen. Dann die Zimtstange entfernen.

Die Eigelbe mit dem restlichen Zucker schaumig rühren. Den Mohn unterrühren und alles abkühlen lassen. Die Sahne steif schlagen und vorsichtig unter die Mohnmasse heben.

Das Parfait in einer Eismaschine gefrieren lassen oder in einer Glasschüssel in den Gefrierschrank stellen und einige Stunden fest werden lassen. In den ersten Stunden mehrmals umrühren.

Zubereitungszeit: ca. 15 Minuten (plus Quell- und Gefrierzeit)
Pro Portion ca. 438 kcal/1839 kJ | 10 g E, 30 g F, 30 g KH

Zwetschgenröster

Für 4 Portionen
500 g Zwetschgen
100 g Puderzucker
3 Gewürznelken
1/2 Zimtstange
Saft und abgeriebene Schale von
1 unbehandelten Zitrone

Die Zwetschgen waschen, halbieren und den Stein entfernen. Die Früchte mit dem Zucker bestreuen und kurz Saft ziehen lassen. Anschließend mit den restlichen Zutaten in einen Topf geben und unter Rühren etwa 20 Minuten garen, bis die Früchte zerkocht sind.

Nach dem Garen die Zimtstange entfernen und den Röster zu Kaiserschmarrn oder Mohnparfait servieren.

Zubereitungszeit: ca. 20 Minuten (plus Garzeit)
Pro Portion ca. 118 kcal/495 kJ | 1 g E, 1 g F, 25 g KH

Salzburger Nockerln

Für 4 Portionen
2 Eier
5 Eiweiß
110 g Zucker
2 Päckchen Vanillezucker
20 g Mehl
10 g Butter
10 g Puderzucker

Den Backofen auf 200 °C (Umluft 180 °C) vorheizen. Die Eier trennen. Die 7 Eiweiß in eine Schüssel geben und mit dem Handmixer auf höchster Stufe zu steifem Schnee schlagen, dabei den Zucker und Vanillezucker einrieseln lassen.

Die Eigelbe verquirlen und das Mehl dazusieben. Die Mischung vorsichtig unter den Eischnee heben.

Eine ovale Auflaufform mit der Butter einfetten. Die Eischneemasse mit einem Teigschaber in vier Portionen teilen und diese in die Form setzen. Die Nockerln auf der zweiten Einschubleiste von unten im Ofen etwa 10 Minuten backen, bis die Oberfläche goldbraun ist.

Die fertigen Nockerln mit Puderzucker bestreuen und servieren. Sie dürfen nicht zusammenfallen.

Zubereitungszeit: ca. 20 Minuten (plus Backzeit)
Pro Portion ca. 220 kcal/924 kJ | 9 g E, 5 g F, 32 g KH

Kastanienkoch mit Vanillesauce

Für 4 Portionen
6 Eier
100 g Butter
250 g Maronenpüree
100 g geriebene Mandeln
20 g Paniermehl
50 g Kuvertüre
80 g Zucker
1 Prise Salz
Fett für die Formen

Vanillesauce
250 ml Sahne
1 Vanilleschote
100 g Zucker
2 Eigelb
2 Eier

Die Eier trennen und die Eigelbe mit der Butter schaumig rühren. Das Maronenpüree, die Mandeln und das Paniermehl einrühren. Die Kuvertüre fein reiben und zugeben. Alles glatt rühren.

Den Backofen auf 100 °C (Umluft 80 °C) vorheizen. 5 Eiweiß (restliches Eiweiß anderweitig verwenden) mit dem Zucker und dem Salz steif schlagen und unter die Kastanienmasse heben. In 4 bis 6 gefettete Förmchen füllen und im heißen Wasserbad im Ofen etwa 50 Minuten stocken lassen.

Für die Sauce die Sahne mit der Vanilleschote aufkochen. Das Mark aus der Schote kratzen und mit dem Zucker in die Sahne rühren. Die Eigelbe und Eier schaumig rühren und unter die heiße Sahne rühren. Nicht mehr kochen!

Den Kastanienkoch mit der kalten oder warmen Vanillesauce servieren.

Zubereitungszeit: ca. 25 Minuten (plus Gar- und Kochzeit)
Pro Portion ca. 706 kcal/2965 kJ | 15 g E, 48 g F, 54 g KH

Schokoladentorte – Sacher Art

Für 1 Springform
175 g dunkle Kuvertüre oder Schokolade (70 % Kakaoanteil)
6 Eier
125 g Butter
60 g Puderzucker
1 Prise Salz
Mark von 1 Vanilleschote
125 g Mehl
150 g Marillenkonfitüre
80 g dunkle Kuchenglasur
Fett für die Form

30 g Kuvertüre grob zerkleinern und im warmen Wasserbad schmelzen. Die Eier trennen. Den Backofen auf 175 °C (Umluft hier nicht empfehlenswert) vorheizen. Die Butter mit 60 g Puderzucker, Salz und Vanillemark in einer Schüssel schaumig schlagen, dann die Eigelbe und die geschmolzene Kuvertüre unterrühren. Die Ei-weiße steif schlagen und auf die Eigelbmasse geben. Nun das Mehl darübersieben und alles zu einem glatten Teig verarbeiten.

Eine Springform (19 cm Durchmesser) nur am Boden einfetten. Die Teigmasse hinein-füllen und im Ofen etwa 1 Stunde backen. Auf einem Kuchengitter auskühlen lassen, dann aus der Form nehmen. Den Tortenboden zweimal durchschneiden. Die Konfitüre unter Rühren leicht erwärmen und je 1 El auf den unteren und mittleren Tortenboden streichen. Nun die drei Tortenteile zusammensetzen und den Kuchen rundherum mit der restlichen Konfitüre bestreichen.

Die restliche Kuvertüre und die Kuchenglasur schmelzen und die Torte damit ein-streichen. Torte vor dem Servieren auskühlen lassen.

Zubereitungszeit: ca. 40 Minuten (plus Backzeit)
Pro Stück ca. 325 kcal/1365 kJ | 6 g E, 18 g F, 34 g KH

Linzer Torte

Für 1 Springform
150 g Butter
150 g Puderzucker
250 g Mehl
1 Tl Backpulver
100 g gemahlene Haselnüsse
2 Eier
1 Tl Vanillezucker
1 Tl gemahlener Zimt
1/2 Tl Nelkenpulver
abgeriebene Schale von 1/2 unbehandelten Zitrone
300 g Preiselbeermarmelade
1 Eigelb
100 g Mandelblättchen
Fett für die Form

Die Butter und den Zucker miteinander verkneten. Das Mehl mit Backpulver mischen und dazusieben. Nüsse, Eier, Vanillezucker, Zimt, Nelkenpulver sowie Zitronenschale dazugeben und alles zu einem festen Teig verarbeiten. Den Teig in Folie wickeln und 30 Minuten an einem kühlen Ort ruhen lassen.

Den Backofen auf 190 °C (Umluft 170 °C) vorheizen. Den Teig in 4 Teile teilen. Drei Viertel des Teiges etwa 1,5 cm dick ausrollen und in eine gefettete Springform (Durchmesser 22 cm) legen. Die Marmelade daraufstreichen. Aus dem restlichen Teig Rollen formen und als Gitter auf die Marmelade auflegen sowie einen Rand formen und anbringen.

Die Torte mit dem verquirlten Eigelb bestreichen und am Rand mit Mandelblättchen belegen. Linzer Torte im Ofen etwa 45 Minuten backen.

Zubereitungszeit: ca. 20 Minuten (plus Ruhe- und Backzeit)
Pro Stück ca. 437 kcal/1835 kJ | 7 g E, 22 g F, 47 g KH

Rezeptverzeichnis